Heide-Marie Cammans
RATGEBER OKKULTISMUS

Ratgeber

Okkultismus

Heide-Marie Cammans

Geleitwort
von Hans Waldenfels

Patmos Verlag Düsseldorf

Die Deutsche Bibliothek – CIP-Einheitsaufnahme
Cammans, Heide-Marie:
Ratgeber Okkultismus/Heide-Marie Cammans.
Geleitw. von Hans Waldenfels.
1. Aufl. – Düsseldorf: Patmos, 1998
ISBN 3-491-72402-3

**Ein im Text genannter, *kursiv* gesetzter Autorenname
verweist in der Regel auf eine zugehörige bibliographische Angabe
im „Literaturverzeichnis" (S. 207).**

1998 Patmos Verlag, Düsseldorf.
1. Auflage 1998.
Bildnachweis: KNA-Bild, Frankfurt (S. 47 u. 87)
Die übrigen Abbildungen wurden von Heide-Marie Cammans,
Sekten-Info, Essen, zur Verfügung gestellt.
Umschlaggestaltung: Volker Butenschön.
Satz: Typo Fröhlich, Düsseldorf
Druck und Bindung: Clausen & Bosse, Leck

ISBN 3-491-72402-3

Inhalt

GELEITWORT

Zu allen Zeiten hatte das Verborgene und Verbotene, das Unbekannte und Unzugängliche seinen eigenen Reiz. Das gilt vor allem in Zeiten, in denen die Öffentlichkeit das Verborgene verdrängt. Wir leben in einer Zeit, in der Wissenschaften und Technik herrschen und alles, was sich der Herrschaft des Menschen entzieht, eher geleugnet wird. Die stillen Stimmen, die, wie die Religionen davon künden, daß der Mensch nicht der universale Herr dieser Welt ist; daß er der Herrschaft eines Höheren untersteht und es folglich Räume und Zeiten gibt, die sich nicht seinem Verlangen öffnen, sondern die ihm höchstens geschenkt werden, werden vielfach nicht mehr gehört. Das Ergebnis ist, daß immer mehr junge Menschen ohne Unterweisung in den lebenumfangenden und lebenbegrenzenden Fragen aufwachsen. Dennoch bricht sich die Ahnung Bahn, daß es jenseits des Tagesraums der Welt die dunklen und verborgenen Räume gibt, und Jugendliche, die sich selbst verstehen wollen, suchen dann nach Verständnismöglichkeiten außerhalb der Angebote, die ihnen von Erwachsenen gemacht werden.

Für die Suche nach dem Verborgenen steht auch all das, was sich hinter dem Stichwort „Okkultismus" verbirgt. Heide-Marie Cammans hat in den langen Jahren, in denen sie zunächst in der Frauen- und Familienbildungsarbeit, sodann im Sekten-Info Essen tätig war, die Not der Jugendlichen kennengelernt, die auf ihrer Suche nach Antworten auf Sinn- und Zukunftsfragen auf die abstrusesten Wegangebote hereingefallen sind. Waren es vor einigen Jahren vor allem aus Asien eindringende, neureligiöse Gruppen, die unter dem Deckmantel „Religion" die Liberalität unseres gesellschaftlich-politischen Lebens gebrauchten, unter Umständen auch mißbrauchten und vor allem junge Menschen in ihren Dunst- und Einflußkreis zogen, so begegnen wir inzwischen einer Fülle von marktschreierischen Einladungen, die durch Annoncen und Inserate in den Zeitungen und Illustrierten ebenso wie durch Mund-zu-Mund-Propaganda für sich werben. Der Markt der Angebote, der Ernsthaftes und Banales, Harmloses und Gefährliches in buntem Durcheinander anbietet und an-

preist, wird immer unübersehbarer. Man muß nur in den esoterischen Abteilungen unserer großen Buchhandlungen stö-
bern.

Es sind vor allem die Grenzbereiche zwischen Wissenschaften
und Religion, zwischen Naturwissenschaft und Naturfröm-
migkeit, zwischen Psychologie und Transzendenzerfahrung,
zwischen Leben und Tod, Tod und Überleben, die Faszination
der Macht des Bösen und der Vernichtung als Kehrseite des
menschlichen Verlangens nach Erfüllung, in denen Antworten angeboten werden, die vor allem jungen, unaufgeklär-
ten Menschen zur Versuchung werden. Das Buch von Heide-
Marie Cammans bezeugt in nahezu erschreckender Weise die
unkritische und unaufgeklärte Haltung vieler Jugendlicher in
vermeintlich kritischer und aufgeklärter Zeit. Es will den
Blick auf ein gerade von Erwachsenen, aber auch von vielen
Erziehern und moralischen Autoritäten wie den Vertretern
der Kirchen weithin übersehenes Phänomen richten. Es bezeugt zugleich die Hilflosigkeit, mit der unsere „Gesellschaft" den Grenzphänomenen begegnet. Es fordert daher mit
Nachdruck entschiedenere Bemühungen um Aufklärung
ebenso wie um Methoden der Therapie.

Was nützt es, wenn literarisch das Phänomen des Satanischen
gelöst wird, zugleich aber in der Lebenspraxis der Satans-
glaube fröhliche Urständ feiert? Was hilft es, wenn die Wissenschaften, die Theologie eingeschlossen, mit einer Fülle
von Erklärungsmöglichkeiten aufwarten, die Lebensfragen
aber keine Beantwortung erfahren, mit der Menschen leben
können? Wie erklärt es sich, daß die Gottesdienste unserer
Großkirchen immer leerer werden und zugleich im Verborgenen der Aberglaube blüht? Es gehört aber zu den Erfahrungen unserer Tage, daß Wissenschaft und Reflexion in dem
Maße geschätzt werden, als sie dem Leben der Menschen dienen.

Die Grenze der Wissenschaft aber ist stets auch die Heraus-
forderung der Religion gewesen. Für unsere Breiten bedeutet
das, daß sich die christlichen Kirchen wieder entschiedener
den Lebensfragen junger Menschen stellen müssen. Die Frage

ist ja nicht, ob die Kirchen die richtigen Antworten zu geben wissen, sondern ob sie a) die Fragen *wahrnehmen*, die Menschen bewegen; b) sich diesen Fragen *wirklich stellen* und c) dann die richtigen Antworten in einer Sprache geben, die heutige Menschen verstehen. Zu lange haben wir unter dem Eindruck aufklärerischer Religionskritik gelebt, ohne zu bedenken, daß gerade die Religion die kritische Instanz gegenüber einer Auffassung vom Menschen ist, die diesen in seine kleine irdische Welt wie in ein Gefängnis einschließt und ihm keinen Ausblick in eine größere Zukunft, in eine neue Erde und einen neuen Himmel gestattet.

Was Heide-Marie Cammans aus ihrer therapeutischen Arbeit vorträgt, verdient Beachtung und Unterstützung. Nur wo viele Menschen sich selbst um einen eigenen festen Standpunkt bemühen und zugleich wissen, was sie den Mitmenschen an Wegweisung, Wegbegleitung und Weggemeinschaft schuldig sind, besteht die Aussicht, daß das Okkulte seine Faszination verliert und Menschen sich wieder dem wahren Mysterium ihres Lebens zuwenden. Das Leben ist voller Geheimnisse. Doch das wahre Geheimnis – so lehren es alle großen religiösen Traditionen der Welt – macht den Menschen frei, befreit ihn aus den Ängsten, heilt ihn. Wo immer die Suche nach dem Verborgenen in größere Ängste führt, wo die Suche selbst zur Droge wird und süchtig macht, wo sie die Ängste vergrößert und dem Leben entfremdet, da – das kann eine Faustregel sein – ist der eingeschlagene Weg sicherlich falsch. Es ist dann besser, umzukehren, eine neue Wegekreuzung zu suchen und nach dem Weg zu fragen, der ein Weg zum Leben und damit ein wahrer Lebensweg ist.

Hans Waldenfels

*EINLEITUNG
ODER:
„EIGENTLICH MÜSSEN ES JA GEISTER SEIN…"*

Sandra sitzt mir im Beratungszimmer gegenüber. Ziemlich aufgeregt hatte sie telefonisch um ein Gespräch gebeten. Sie berichtet:

Ihre Freundin Claudia, sechzehn wie sie selbst, habe vor zwei Wochen mit ihr zusammen mit Schulkollegen Gläserrücken gemacht. Dabei habe Claudia von ihrem verstorbenen Opa die Botschaft bekommen, daß sie nicht älter als siebzehn werde, und das sei in neun Wochen. Jetzt sei „es" mit Claudia „passiert", sie sei überhaupt nicht ansprechbar, sitze nur in ihrem Zimmer, grüble, weine, mache nachts das Licht nicht mehr aus und esse kaum etwas.

Sandra möchte nun wissen, wie sie ihrer Freundin helfen kann. Natürlich hat Sandra selbst Fragen, schwankt zwischen Angst und Hoffnung. Sie weiß auch nicht, was sich bei einer solchen Sitzung tatsächlich ereignet. „Eigentlich müssen es ja Geister sein, denn das Glas hat sich wirklich bewegt." Und ein ganz komisches Gefühl sei über sie alle gekommen, besonders als Claudias Opa sogar den Namen von dem Jungen wußte, mit dem diese gerne gehen würde.

Nachdem Sandra zuerst einmal ihre eigenen Fragen zu dem Erlebten geklärt hat, besprechen wir die Möglichkeiten der Hilfe für Claudia. Wir sind sehr schnell einig, daß es am besten sei, Sandra bringe ihre Freundin in die Beratung zum Sekten-Info. Wir hoffen, daß sie es schafft. Ich verspreche ihr, sie sonst selbst aufzusuchen.

Montag früh:
Ein Lehrer aus einer Ruhrgebietsstadt ruft in der ersten Pause an. Vor Schulbeginn morgens habe ihn einer seiner Schüler, Klasse 9, Realschule, um Hilfe gebeten. Er sei am Samstag mit anderen bei einer Schwarzen Messe auf dem Friedhof gewesen. Wie der Lehrer berichtet, mache der Schüler einen sehr verängstigten Eindruck.

Eine schriftliche Anfrage von weit her: „Bei uns im Dorf (ca. 2500 Einwohner) beobachten wir seit einiger Zeit Aktivitäten einiger Jugendlicher, wahrscheinlich Anhänger des Satans-

kultes. Diese Gruppe vergrößert sich. Inzwischen tragen etwa fünfzig Kinder und Jugendliche das umgedrehte Kreuz. Viele andere Kinder haben Angst, etwas zu erzählen, da sie bis in die Schule hinein unter Druck gesetzt und terrorisiert werden …
Wir brauchen Informationen, Argumentationshilfen. An welche Stelle in unserer Nähe können wir uns wenden?
Bitte helfen Sie uns."

Christian, 19, bittet telefonisch um einen möglichst baldigen Gesprächstermin. Kurze Zeit später ist er schon da, schiebt sich zur Tür herein, schwarze Lederkleidung, Sturzhelm unter dem Arm.
„Also – es geht nicht um mich selbst, sondern um meine Mutter. Sie war vorgestern bei einem Wahrsager, der ihr einen Unfall mit nachfolgender langer schwerer Krankheit vorausgesagt hat. Der Vater würde in dieser Zeit fremdgehen und die andere Frau ein Kind von ihm bekommen. Jetzt ist die Mutter total in Panik und hat entsetzliche Angst, wenn sie nur an den für nächste Woche geplanten Urlaubsflug denkt." Christian meint, er und seine Mutter hätten ja öfters „Zoff", doch einer müsse sich ja jetzt um sie kümmern.
Mir geht es sehr nah, wie Christian die Not seiner Mutter wahr- und ernst nimmt und sich darum kümmert.

Eine junge Frau ruft an. Sie bittet um Hilfe. Ihr Mann wende sich immer mehr der Magie zu. Zuerst habe er nur Bücher gelesen, dann aber andere Interessierte gesucht und über eine Anzeige in der Tageszeitung auch gefunden. Jetzt habe er zu merkwürdigen Leuten Kontakt, die mehrmals wöchentlich in nächtlichen Sitzungen magische Übungen durchführen würden. Da ihr Mann nun schon sie und die kleine Tochter mit Pendel und Gedankenkraft „bearbeite", hielte sie es fast nicht mehr zu Hause aus. Sie habe einfach Angst vor ihrem Mann und seinen neuen Freunden. Ihr Mann sei jetzt sehr verändert, gehe nicht mehr regelmäßig zur Arbeit, da er ja morgens viel zu müde sei! Die ganze Familie sei schon kaputt.

Solche Anfragen gehen täglich beim „Sekten-Info" ein. Es sind Eltern, Geschwister, Partner, Lehrer, Freunde, Kollegen, die unseren Dienst brauchen. Sie sind beunruhigt und ratlos, auch deswegen, weil sich bei ihnen selbst durch den Kontakt mit dem Betroffenen ein Bereich aufgetan hat, der ihnen verschlossen und fremd war, ein Bereich – mit dem man eigentlich lieber nicht in Berührung kommen möchte. Fragen treten auf: „Gibt es überhaupt Geister? Wer ist Satan? Können diese Wesen Macht über uns bekommen, uns beeinflussen, sind wir ihnen ausgeliefert, oder ist alles erklärbar?"

Nicht immer ist der Hintergrund einer Anfrage, „daß etwas passiert sei". Neugierig geworden durch Berichte in den Medien, wenden sich dann durchaus nicht nur Betroffene mit schriftlichen Bitten um Information an uns.

Auch andere Beratungsstellen, Ämter, Psychiatrien, Seelsorger sowie die Kriminal- und Schutzpolizei nehmen unsere Dienste in Anspruch. Oft ergibt sich daraus eine gute Zusammenarbeit, die über den Einzelfall hinaus andauert.

Sehr intensiv ist im Bereich des gesamten Okkultismus unsere Zusammenarbeit mit Schulen. Häufig werden Lehrer von Schülern gebeten, im Unterricht über Gläserrücken und Schwarze Messen zu sprechen, und dies nicht nur im Religionsunterricht. Da der Lehrer meist nicht von Haus aus „Okkultexperte" ist, ist er froh, daß das „Sekten-Info" ihm weiterhelfen kann. Zuerst einmal gilt es für ihn, sich selbst schlau zu machen, was es mit den Praktiken der Schüler auf sich hat.

Natürlich fragen die Schüler den Lehrer meist nicht ohne Hintergrund, d.h., oftmals ist irgendeine Erfahrung vorhanden, die geklärt werden soll.

Manchmal ist der Grund der Anfrage ein konkreter Vorfall, der Aufregung ausgelöst hat. Zum Beispiel kamen neulich Lehrer einer Hauptschule, Klasse 9, gerade zurückgekehrt von einer Klassenfahrt, zu uns. Einige Schüler hatten nachts eine „Geisterbeschwörung" inszeniert, worauf zwei der Jugendlichen – fest überzeugt, daß die Geister tatsächlich anwesend seien – in hysterische Angstzustände gerieten, wobei ein

Mädchen sogar in Bewußtlosigkeit fiel. Dies brachte den Rest der Beschwörer dann vollkommen aus der Fassung, da der Beweis ja jetzt geliefert war, daß die Geister uns tatsächlich beeinflussen können!

An Nachtruhe war auf dieser Klassenfahrt von da an natürlich nicht mehr zu denken ...

In diesem Fall ist die Aufarbeitung des Erlebten und – damit zusammenhängend – die Aufklärung spiritistischer Vorgänge notwendig. Aber auch ohne solch aktuellen Anlaß werden die Mitarbeiter des Sekten-Info Essen häufig in Schulen, zu Elternpflegschaften oder Lehrerkonferenzen eingeladen, oder ganze Schulklassen unternehmen Exkursionen zum Sekten-Info.

Diese Beispiele – herausgegriffen aus dem Spektrum der täglich beim Sekten-Info eingehenden Anfragen und Hilferufe – zeigen, daß Information und Beratung zum Okkultismus gefordert sind. Ich möchte aus der Sicht des Beraters auf die Problematik eingehen und damit zweierlei bewirken:

– einmal dem einzelnen Interessierten oder Betroffenen Hilfen zum Verständnis und zur Auseinandersetzung anbieten,
– zum andern die Gefahren aufzeigen, die durch okkultes Denken und die daraus resultierenden Praktiken gegeben sein können.

Ich wünsche mir, dadurch einen Beitrag zur Eingrenzung des Okkult-Booms zu leisten und hoffe, daß doch endlich die Spitze des Berges überschritten werden kann.

EINIGE VORBEMERKUNGEN

1 Okkultismus – heute ein unüberschaubarer Markt

Vor einigen Jahren noch war dem „Normalbürger" der Begriff des Okkultismus nicht geläufig. „Man" hatte – jedenfalls bewußt – damit nichts zu tun. Irgendeine Ahnung war wohl vorhanden, aber diffus und dunkel. Genaue Vorstellungen hatte man nicht.

Womit man „herumspielte", das war ein wenig Aberglaube – mehr oder weniger ernsthaft (man konnte ja nicht wissen, ob nicht doch etwas dran war!) – zum Beispiel:

- die schwarze Katze, die von rechts nach links als Glücksbringer gedeutet wird, andersherum natürlich zu meiden ist;
- Freitag, der 13. – ein Tag, an dem man am besten gar nicht aus dem Hause geht;
- die Geisterstunde;
- links gelingt's;
- auf Holz klopfen – toi, toi, toi;
- Talismane;
- das linke Bein, mit dem man morgens nie aus dem Bett aufstehen sollte;
- die aufgestellte Leiter, unter der man nicht durchgehen darf;
- Bleigießen in der Silvesternacht –

und natürlich das Horoskop in der Tageszeitung usw.

Aus der Regenbogenpresse wußte man, daß bekannte Politiker sich von berühmten Wahrsage-Frauen beraten ließen, z. B. von Frau Buchela oder der Pythia von Berlin, und man hatte gehört, daß es Menschen mit dem „zweiten Gesicht" geben soll. Über speziellere Kenntnisse verfügten wohl besonders Interessierte, die aber ihr Wissen nur in internen Kreisen, ganz bestimmt nicht an jedermann weitergaben. Das hat sich in den letzten beiden Jahrzehnten sehr geändert. Der Okkultismus wurde regelrecht von einer breiten Öffentlichkeit entdeckt und ist ein beliebtes Thema der Medien geworden.

Am 6. 9. 1984 berichtete die größte deutsche Jugendzeitschrift „Bravo" in Form einer Story, daß man Geister der Verstorbenen rufen und sie nach der Zukunft befragen könne. Damit hatte Bravo „die Nase voll im Wind" und hielt auch in der Folgezeit „die Geistersuppe am Kochen". Weitere Berichte mit Anleitungscharakter folgten in o. g. Publikation und in anderen Jugendblättern, wie z. B. „Mädchen" im November 1986 mit dem Artikel „13 neue Orakel".

Bekannte deutsche Frauenzeitschriften wollten im Trend mithalten, gestalteten u. a. Ausgaben mit speziellem Innenteil zum Herausnehmen, der genaue Anleitungen für Okkultpraktiken gab.

Im ZDF durfte 1984 die damalige deutsche „Oberhexe" Ulla von Bernus ihr magisches Tötungsritual zeigen. In eine schwarze Kutte gehüllt, gebeugt über einen Feuerkessel, schwenkte sie eine kleine Puppe und murmelte beschwörend mit verruchter Stimme: „Satan, hole ihn, laß ihn langsam sterben!"

Plötzlich war der Okkultismus in den bundesdeutschen Wohn- und Klassenzimmern lebendig. Auf dem Pausenhof, im Freundeskreis, beim Kaffeekränzchen, beim Kegelabend oder Wanderausflug, überall die Frage – mehr oder weniger laut, mehr oder weniger ernsthaft – „Geht das wirklich – was ist dran?" ... Die totale Neugier war erwacht.

Und was im Gespräch ist, was das Interesse der Menschen weckt, spiegelt sich in Presseberichten wider (und umgekehrt):

- *Wenn Satan tobt und rockt*
  (Münstersche Zeitung, 3. 9. 1988)
- *Heißer Draht ins Jenseits?*
  (Rheinische Post, 7. 1. 1989)
- *Hexen im Kommen*
  (Kirche u. Leben, Kreisdekanat Recklinghausen,
  10. 12. 1989)
- *Satanismus auf Friedhof: Grab verwüstet*
  (Westdeutsche Allgemeine Zeitung, 8. 4. 1998)

Aber es gibt auch zahlreiche Berichte von tatsächlichen Verbrechen, die mit Okkultpraktiken im Zusammenhang stehen, wie z. B.:

- *Teufelsanbeter soll wegen Massenmords in Gaskammer*
  (Recklinghäuser Zeitung, 9. 11. 1989)
- *Grausame Tierquälerei bei „Schwarzen Messen"*
  (Niederrheinnachrichten, 3. 2. 1990)
- *Junge Frau starb nach „Teufelsaustreibung"*
  (Westdeutsche Allgemeine Zeitung, 5. 2. 1990)
- *Bewährungsstrafen für Exorzismus*
  (Süddeutsche Zeitung, 27. 1. 1995)

Dieses von den Medien unter die Leute gebrachte Interesse
wurde natürlich vom Buchmarkt aufgegriffen. Die entsprechenden Verkaufsregale wurden reichhaltiger und länger und
wachsen immer noch. Spezielle esoterische Buchläden entstanden vor allem in Mittel- und Großstädten, Läden, deren
Namen wie *Pentagramm, Horus, Occulta* oder *Die hermeti-
sche Truhe* Hinweis auf das „besondere" Angebot gibt. Dort
ist nicht nur das Buch mit dem „Wissen" erhältlich, sondern
es gibt alle Gegenstände, die zur Durchführung okkulter
Praktiken benötigt werden, wie Pendel, das schreibende
Tischchen, die Kristallkugel, Runensteine (taschengerecht im
Samtsäckchen) und natürlich -zig verschiedene Tarots u. a.
All die Dinge, die früher höchstens unter der Hand erstanden
werden konnten, sind jetzt jedem, der es möchte, ob jung oder
alt, zugänglich. Für den Verkäufer scheint es dabei keine Frage
zu sein, wie der einzelne, vielleicht der Jugendliche, der das
„Liber al vel Legis" (= das Gesetzbuch für Satanisten) ersteht,
damit umgeht.
Der esoterische Buchladen bildet ein Forum für weitere Angebote: Damit der Käufer der Bücher und Gegenstände sein
Wissen noch besser anwenden kann, werden z. B. Abendkurse
oft zu Billigpreisen angeboten, die der Verbesserung der Fähigkeiten dienen sollen. So wurde uns von einem Abendkurs
über „Rückführung in frühere Leben" für 5 DM berichtet,
billiger und unter Umständen spannender als ein Kinobesuch!
Sind dies auch meist keine Veranstaltungen dieser Läden
selbst, so ist der Ladentisch doch Umschlagplatz für viele
Angebote dieser Art.

Der Markt der okkulten Möglichkeiten wird ständig erweitert. Das Angebot eines Kurses zur „Rückführung in frühere Leben" bedeutet wohl keine Sensation mehr für den Insider. Eher schon könnte ihn das „Seminar für Fortgeschrittene" locken, das die Fertigkeit zur Rückführung in künftige Leben vermitteln soll.

Zum Umschlagplatz für okkulte Angebote haben sich die in vielen Städten stattfindenden Esoterikmessen entwickelt. In Reih und Glied nebeneinander finden sich alle Nuancen und Facetten der okkultistischen Szene. Zwei Beispiele von den Essener Esoterik-Tagen (Februar 1998):

Eine aus Funk und Fernsehen bekannte Wahrsagerin bot per Karten, Kristallkugel und Pendel an, die Vergangenheit, Gegenwart und Zukunft zu zeigen. Auf ihrem Tisch lagen „Voodoo-Puppen" zum Verkauf. Weiter lud sie ihre Kunden ein, sich ins Haar Geburts-Glücksteine und Glücksfarben einflechten zu lassen. Wie ich beobachten konnte, war ihre Koje gut besucht.

Am Stand schräg gegenüber der Dame präsentierte ein „Geistheiler" sein Angebot. Neben dem Verkauf von Steinen bot er an Ort und Stelle Geistheilung an; wohl nur zum Schnuppern. Der Interessierte erhielt ein umfangreiches Kursangebot:

Ausbildung zum Geistheiler
Lernen Sie den Umgang mit den zwölf Geisteskräften, den göttlichen Wahrheiten, der Kraft der Gedanken, christlichen Siddi-Techniken ...
Durch die Steigerung der eigenen Kraft werden Sie an Materialisieren, Manifestieren, Seelenarbeit und Fernheilung herangeführt.

Channelingausbildung
Durch die im Channeling erworbenen Erfahrungen können Sie in direkten Kontakt mit ihren höheren Bewußtseinsschichten (hohes Selbst/Christ-Selbst) kommen ... In diesem Seminar lernen Sie energetische Atemtechniken, um Ihr Bewußtsein in einen kristallklaren Zustand zu bringen. Da-

mit ist die Voraussetzung geschaffen, um medial zu schreiben und um mediale Botschaften in Trance zu empfangen.

Akasha-Ausbildung
Die Akasha-Ausbildung enthält unter anderem Auskunft über vergangene Leben oder vergangene Bewußtseinszustände. Dieses göttliche Gemütslesen ist ein Seelenlesen und nicht vergleichbar mit dem üblichen Hellsehen der materiellen Sinne ...
Die Kosten für ein Wochenend-Kompakt-Seminar betragen 600 DM.

Interessant ist ein Blick auf den Werdegang des „Geistheilers", mit dem er in einer Werbeschrift seine Befähigung als Lehrer belegt:

... seit fünfundzwanzig Jahren bewußt auf dem geistigen Weg, u.a. als Schüler des Maharishi Mahesh Yogi. Im Laufe von vielen Jahren hat er unter Anleitung seiner geistigen Lehrer und Führer mediale Fähigkeiten ausgebildet und spirituelle und geistige Heiltechniken erlernt. Seit über fünfzehn Jahren hat er Siddi-Erfahrung ... Er wirkt als Trance- und Schreibmedium und hat bewußten Zugang zur Akasha-Ebene ... Er ist hellsichtig, hellhörig, hellfühlig ... Seit Anfang der achtziger Jahre setzt er den Segen des Heiligen Geistes in Tätigkeit, er hat durch Segnen der Gegenstände und der Vegetation, an Tieren und Menschen seitdem große Erfolge erzielt. So wandelt er Wein und Champagner zu einem höheren Bekömmlichkeits- und Geschmackswert um, Cola wird durch seine Segnung zu Zuckerwasser, Steine, Kerzen zu gebündelten Energieträgern. Er beruft sich auf „geistige Lehrer" und unter anderem auf seine Begegnung mit dem „Bruno-Gröning-Freundeskreis" (okkulte Heiler-Bewegung, Anm. d. Verf.).

Spricht die Art dieser Angebote wohl eher denjenigen an, der bereits auf der Suche ist, so sind andere Offerten geeignet, auch den Normalbürger zu interessieren. Auffallend ist die

Tatsache, daß vor allem in Frauenillustrierten okkulte Themen häufig recht einladend und unkritisch behandelt werden. Zum Beispiel erhalten darin moderne Hexen und Medien eine Plattform, sich darzustellen; Tarot, Handlinienlesen und Astrologie werden als Möglichkeit zur Lebensberatung propagiert, und die Anzeigenseiten in Frauenzeitschriften vermitteln seitenlang Kontakte zu medialen Partnerberatungen, zu Medien, die mit Engeln verbinden, zu Hellsehern, Wahrsagern, Voodoo-Magiern und anderem.

Nachdenklich stimmte mich der Beitrag einer führenden Frauen-Illustrierten. Immerhin unter der Rubrik „Zeitgeist" wurde im Jahr 1996 als neuer Partyspaß das Gummibärchen-Orakel vorgestellt:

Rotes Bärchen bedeutet Energie, gelbes Bärchen Arbeitslust, das weiße Bärchen Klärung usw. Und weil der Umgang mit dem Orakel einige Fertigkeiten voraussetzt, wird ein entsprechendes Buch zum Kauf empfohlen.

Wie diese aus der Fülle des Angebotes herausgegriffenen Beispiele zeigen, ist der Okkultismus, der früher nur von wenigen Eingeweihten im Verborgenen praktiziert wurde, für jedermann zugänglich geworden und hat sich in den vergangenen Jahren epidemieartig ausgebreitet. Okkultpraktiken sind heute gängig bei jung und alt, quer durch alle Bildungsgrade und Bevölkerungsschichten, in Stadt und Land gleichermaßen. Zu Recht wird von einer Okkultexplosion gesprochen.

2 Was bedeutet der Begriff „Okkultismus"?

Bei meinen Vorträgen stelle ich öfters zu Beginn die Frage: „Was fällt Ihnen zum Thema Okkultismus ein?" In einer Gruppe Jugendlicher (40 Teilnehmer) wurden spontan am häufigsten genannt:

Gläserrücken	34mal
Tischrücken	31mal
Pendeln	29mal

Kontakt mit Verstorbenen	
(Geisterbeschwörung)	27mal
Kartenlegen/-lesen	26mal
Handlesen	14mal
Aberglaube	11mal
Satansglaube	10mal

Weniger häufig wurden Begriffe genannt wie:
Zukunftsfragen – Kaffeesatz – Sucht – Bleigießen – Hokuspokus – übersinnliche Kräfte – dunkler Raum – böse Geister – Kult – Satansbeschwörung – Schwarze Messe – mysteriöse Stimmung – Gefühle der Verfolgung – gegen den christlichen Glauben – Angst ...
Auf dieselbe Frage kamen von einer Erwachsenengruppe spontane Zurufe:
Menschenopfer – Tischchenrücken – Poltergeister – Karten – Mitternachtsmesse – Angst – Satanskult – Tieropfer – Mord – Satansanbeter – Abfall von Gott – Hexentanz – Spinnerei – Amulette – Panik – Teufelsaustreibung – Gespräche mit Toten – Leichtgläubigkeit – krank werden – Pendel – Wahrsager – Verfolgungswahn – Edelsteine – Selbstmord.
Bei Betrachtung dieser Aussagen läßt sich feststellen, daß jüngeren Teilnehmern mehr die Okkultpraktiken bewußt sind, während die Äußerungen der älteren Teilnehmer mehr auf die psychische Beeinflussung sowie auf eine mögliche Bedrohlichkeit durch Okkulthandlungen hinweisen.

Klärung des Begriffes: Okkultismus

Okkultismus von lat. *„occultus"* – dunkel, verborgen, ist ein Sammelbegriff für die „verborgenen Dinge, Methoden und Begebenheiten", die einer „anderen Wirklichkeit" als der mit normalen Sinnen erfahrbaren zugewiesen werden.[1]
Okkultisten glauben, mit dieser „anderen Welt" mit Hilfe verschiedener Praktiken (Rituale, Beschwörungen, Manipulationen u. a.) in Kontakt treten und sich deren „Wirkkräfte" zunutze machen zu können.[2]

Demnach versteht sich der Okkultist als verfügungsmächtiger Teilhaber der „anderen Welt", d. h. er glaubt, Einfluß nehmen und sich diese „andere Welt" mit ihren Wesen und Mächten nutzbar machen zu können. Hier liegt ein wesentlicher Unterschied zur religiösen Praxis, z. B. im Christentum, wo Gott oder die Heiligen weder beschworen noch durch bestimmtes Verhalten manipuliert werden können. Selbst wenn im christlichen Glauben im Fürbittgebet Gott um seine Hilfe gebeten wird, basiert das Bitten um die Zuwendung Gottes im Vertrauen auf die frei geschenkte persönliche Gunst Gottes, sozusagen sein Liebeshandeln am Bittenden (Gnade). Keinesfalls kann Gott durch eine Vorleistung gelenkt werden. Im Okkultismus wird mit Magie gearbeitet. Es handelt sich dabei um Praktiken, mit denen außerhalb der nachprüfbaren Zusammenhänge von Ursache und Wirkung – durch Rituale, Beschwörungsformeln oder diverse Mittel – okkulte Wirkungen erzielt werden sollen.

Dabei besteht die Möglichkeit, sich an einen „Verfügungsmächtigen" (= Banner, Wahrsager, Hexer, Magier) zu wenden oder sich selbst darin zu üben und als solcher zu verstehen.

6. und 7. Buch Mose

Diverse Anleitungen hierfür werden vor allem aus dem „6. und 7. Buch Mose" und den folgenden 8. – 13. Büchern sowie dem „Letzten und geheimen Buch Mose" und „Mose magischer Geheimkunst" etc. geholt, die bei Alt- und Jung-Okkultisten regelrecht als Rezeptbücher für Magie verstanden werden. Okkultisten vertreten die Auffassung, daß diese Bücher von der Kirche geheimgehalten und dem Gläubigen vorenthalten worden sind. Tatsächlich haben diese Bücher mit der Bibel und dem Gottesmann Mose nichts zu tun. Vielmehr handelt es sich bei diesen Druckwerken um triviale Zauberbücher, die erst gegen Ende des 18. Jahrhunderts, teils auch noch später, entstanden sind.

In manchen Bereichen der Gegenliteratur (z. B. van Dam,

„Okkultismus und christlicher Glaube") werden dem „6. und 7. Buch Mose" auch dergestalt magische Kräfte zugeschrieben, daß schon der Besitz Verbindung mit Luzifer schafft. Diese Behauptung ist töricht und selber abergläubisch. Einen religiösen Wert haben diese „Zauberbücher" nicht. Es ist auch unsinnig, sich vor ihnen zu fürchten.[3] Sie enthalten:

– Ratschläge bei Krankheit, zum Beispiel zur „Vertreibung von Bandwürmern und anderer Würmer", bei Wassersucht, Hühneraugen und Zahnweh ...;
– allerhand Empfehlungen zum Umgang mit dem Vieh: wenn es krank ist, wenn es verhext sein sollte, damit es fruchtbarer wird ...;
– Anweisungen, wie man sich vor Schädlingen schützen oder anhand welcher Methoden man Diebe ausfindig machen kann;
– wie man Neid und magische Beeinflussung durch andere abwehren kann;
– wie man übernatürliche Fähigkeiten erwerben kann;
– aber auch Anleitungen zur Herbeirufung und Beschwörung von Geistern und Dämonen sowie zum Dialog mit dem Teufel.

Als Empfehlung bei langwierigem Fieber steht zu lesen:
Stecke eine große Kreuzspinne in eine Nuß und hänge sie dem Patienten um den Hals; doch darf er nicht wissen, was in der Nuß ist.

Weiter gibt das 6. und 7. Buch Mose Anweisung, wie ein *Zauberstab* herzustellen ist, mit dessen Hilfe man *mit dem Teufel in Kontakt* treten kann. Es wird geraten, einen Zweig von einem Haselnußstrauch zu nehmen, in dem noch nie ein Vogel ein Nest gebaut hat. Der Stab muß zweigabelig sein und er muß bei Vollmond aus dem Wald geholt werden. Geschnitten werden soll der Stab mit einem Messer, mit dem man ebenfalls in einer Vollmondnacht einem Rehkitz den Hals durchschnitten haben muß, ohne das Blut vom Messer abzuwischen, das bei dieser Tätigkeit am Messer zurückgeblieben ist. Das allerdings sind erst die Voraussetzungen, daß man einen Stab besitzt, aus dem man, wenn man auch die weiteren Anordnungen einhält, eventuell einen Zauberstab machen kann.

Zum Schutz gegen Hexen wird empfohlen:
„Man zieht zweierlei Schuhe an oder das Hemd oder einen Strumpf verkehrt. Man trägt vierblättrigen Klee bei sich. Man hängt eine ‚Unruhe' an die Stubendecke oder einen ‚Geist', das sind in Taubenform zusammengestellte Knochen vom Karpfenkopfe oder eine ausgeblasene Eierschale, mit Kopf und Papierflügel versehen. Die stete Bewegung der ‚Unruhe' vertreibt die Hexe."

Okkulte Praktiken werden oft in einer quasi-religiösen Haltung betrieben. Der Okkultismus kann auch als Ersatzreligion verstanden werden. Seine Anhänger sehen in okkulten Vorgängen Energien bzw. Geister am Werk. Dieser Glaube wird von Okkultisten vehement verteidigt, vor allem gegen jede wissenschaftliche Diskussion. Okkultgläubige Menschen sind überzeugt, durch ihre Praktiken von der Daseinsangst erlöst zu werden, die Wahrheit zu finden und Heil zu erlangen.[4]
Sicher wenden sich heute viele Menschen dem Okkultismus im Bemühen um spirituelle Entwicklung zu. Andere wiederum hoffen, etwas Sensationelles zu erleben, besondere Erfahrungen zu machen, aber auch einen speziellen Lustgewinn zu erreichen.
Die Neugier ist bei meinen Vorträgen manchmal fast mit Händen zu greifen, am liebsten würden viele Teilnehmer mit mir im Laufe der Veranstaltung ausprobieren, ob z. B. das Gläserrücken wirklich funktioniert.
Ich sehe dies zunächst einmal auch als ein Zeichen von gesundem Forscherdrang. Ohne Wissen-Wollen der Menschheit wäre manche Entdeckung nicht gemacht worden, sähe die Welt heute anders aus. Bei fortgesetzter Praxis ist jedoch nach tieferen Motiven zu fragen.
Ein weiterer Grund, warum sich heute viele Menschen dem

Okkultismus zuwenden, ist sicher die Suche nach einem besonderen „feeling". Unsere Gesellschaft ist von Konsumverhalten geprägt. Der einzelne jagt von Erlebnis zu Erlebnis, immer auf der Suche, sich noch mehr und noch lustvoller zu spüren. So übt die vermeintliche Berührung mit dem „Geheimnisvollen" einen besonderen Reiz aus.

Zum Schluß dieses Abschnittes wäre zu sagen, daß Okkultismus heute natürlich nicht nur im Interesse jener ist, die sich okkult betätigen. Die Theologie der großen christlichen Kirchen hat sich damit vielfach auseinandergesetzt. Das vorliegende Buch will sich nicht als Beitrag zur theologischen Diskussion verstanden wissen. Es möchte Hinweise zu einem ersten Verständnis geben, verbunden mit einem therapeutischen Anliegen.

3 Okkultismus und Parapsychologie

Immer mehr der ursprünglich „übersinnlich", „übernatürlich" oder „außerweltlich" gedeuteten Ereignisse werden auch systematisch erforscht. Die zuständige Wissenschaft ist die *Parapsychologie* (para, griech. = neben), die auf die 1882 in London entstandene und heute noch aktive *„Society for Psychical Research"* (SPR) zurückgeht. In Deutschland gründete Prof. Hans Bender (1907 – 1991) im Jahr 1950 das *„Institut für Grenzgebiete der Psychologie und Psychohygiene e.V."* in Freiburg. Es leistet Arbeit in der Erforschung paranormaler Phänomene und bietet Beratung und Information an. An der Universität Freiburg gibt es am Psychologischen Institut den einzigen deutschen Lehrstuhl für „Psychologie und Grenzgebiete der Psychologie".

Als Wissenschaft hat sich die Parapsychologie vor allem in der interdisziplinären Forschung als Studienbereich (neben der Psychologie zum Beispiel auch die Medizin, Psychiatrie, Theologie und Religionswissenschaft) etabliert.

Ihr Auftrag liegt in der Erforschung all jener Bereiche des menschlichen Seelenlebens, die sich nicht in unser naturwissenschaftliches Weltbild einzuordnen scheinen. Genauer gesagt, sie beschäftigt sich mit Phänomenen, die „aus dem normalen Verlauf des psychischen Erlebens heraustreten"[5], nicht mehr in unser von der Raum-Zeit-Dimension geprägtes Weltbild einzuordnen und mit den herkömmlichen wissenschaftlich-physikalischen Gesetzen nicht zu erklären sind. Demnach ist es die Aufgabe der Parapsychologie, Phänomenen auf die Spur zu kommen, die uns unbegreiflich, geheimnisvoll und „wunderbar" erscheinen.

Daraus ergeben sich die Hauptfragen der Parapsychologie:

1. Gibt es eine Wahrnehmung außerhalb der uns bekannten Sinnesorgane?
2. Gibt es einen zur Zeit physikalisch nicht erklärbaren Einfluß der Psyche auf materielle Systeme?
3. Welche Erklärungsmodelle für behauptete paranormale Phänomene lassen sich finden?

Erforscht werden Phänomene wie:
- Telepathie (Gedankenübertragung)
- Hellsehen (Erkenntnis verborgenen Wissens)
- Präkognition (Vorhersehen zukünftiger Ereignisse)
- Retrokognition (Sehen vergangener Ereignisse)
- Psychometrie (Ablesen des vergangenen, gegenwärtigen, zukünftigen Schicksals eines Gegenstandes)
- Xenoglossie (Verstehen bzw. Sprechen einer nicht erlernten Sprache)
- Spuk (sich wiederholende, variierende psychokinetische Erscheinungsbilder z. B. verstorbener Personen)
- Bilokation (Erscheinungsweisen derselben Person an zwei oder mehreren Orten).

Hinzu kommen parapsychologische Phänomene physikalisch nicht erklärbaren Geschehens wie z. B.
- Telekinese (Bewegen von Gegenständen ohne erkennbare Ursache)
- Asitie (Nahrungslosigkeit)
- Levitation (Schweben eines Gegenstandes).[6]

Dabei wird von der Parapsychologie eine Einteilung vorgenommen in
- außersinnliche Wahrnehmungen (ASW)
- und Psychokinese (unerklärliche seelische Wirkungen auf materielle Vorgänge).

Die Parapsychologie versucht, entsprechende Berichte auf ihren Wahrheitsgehalt zu überprüfen und die obengenannten Vorgänge zu beschreiben, zu beweisen bzw. zu widerlegen.[7] Dies geschieht anhand folgender wissenschaftlicher Forschungsmöglichkeiten:
1. das Studium überlieferter Berichte;
2. die Untersuchungen spontan auftretender Phänomene;
3. das Experiment im Labor, z. B. mit sensitiven (hellfühligen oder hellsichtigen) Personen.

Hier stellt sich natürlich die Frage nach der Wiederholbarkeit der parapsychologischen Phänomene. Wie der bekannte Schweizer Psychiater C. G. Jung sagt: Die PSI-Effekte sind prinzipiell nicht wiederholbar, weil sie so innig mit der Lebenssituation eines Menschen verflochten seien, daß es unsinnig wäre, anzunehmen, man könne sie reproduzieren. Keiner steigt bekanntlich zweimal in denselben Fluß.
Erschwerend hinzu kommt der Umstand der „Beobachterscheu", d. h., solche Phänomene haben die Tendenz, sich der Untersuchung zu entziehen.
Dies und die Tatsache, daß die Physik von Anfang an nur solche experimentellen Ergebnisse akzeptiert, die nicht von einer Person oder deren Psyche abhängen, sind bedeutsame Gründe, warum sich z. B. auch die Physik bisher schwer in die Forschungsarbeit der PSI-Phänomene einbringen konnte.
Trotzdem sieht die Parapsychologie – wenn auch begrenzt – Möglichkeiten der Forschung.
Zwei Klarstellungen im Hinblick auf die Parapsychologie sind wichtig:
1. Parapsychologen selbst sind keine Okkultisten, sondern sie untersuchen lediglich Vorgänge okkulter Art. Es handelt

sich dabei um eine noch relativ kleine Gruppe kompetenter Natur-, Geistes- und Sozialwissenschaftler. Die Parapsychologie ist ein seriöses Gebiet der Wissenschaft, sie betreibt ernstzunehmende Forschung, und wir sind ihr zu Dank für wesentliche Erkenntnisse verpflichtet.

2. Im Gegensatz zu diesem Personenkreis sehen wir heute eine unübersehbare Anzahl von Phantasten, Scharlatanen und Okkultisten, die sich als Parapsychologen bezeichnen. Z. B. in Annoncen des Wahrsagegewerbes finden wir immer wieder die Angabe „Hellseher, Parapsychologe ..." Diese Selbstbezeichnung „Parapsychologe" ist irreführend, hat lediglich die Absicht, ein wissenschaftliches Image zu vermitteln und ... natürlich die Preise hochzutreiben. Die Bezeichnung „Parapsychologe" ist gesetzlich nicht geschützt. Jeder kann sich so nennen.

4 Okkultismus – Esoterik

Etwa seit Mitte der siebziger Jahre hat sich nach und nach die Esoterik immer deutlicher in Szene gesetzt, so daß mittlerweile schon angemessen erscheint, von einer Esoterisierung unserer Gesellschaft zu sprechen (*Roman Schweidlenka*). Nicht wenige Menschen lassen sich mittlerweile in etlichen Bereichen des Lebens durch esoterisches Gedankengut leiten. Man vertraut auf die heilende Wirkung von Kristallen und Edelsteinen, von Reiki und Hopi-Kerzen, empfängt zu bestimmter Stunde Heilströme aus dem Jenseits, man besucht allerlei alte Kultplätze in der Hoffnung, dort tiefe Kraft zu spüren, bucht Kurse, um mit dem eigenen Schutzengel in Kontakt zu kommen, läßt sich von einem Medium Botschaften seines Geistlehrers channeln, übt Aura-Sehen und -Lesen, richtet seine Wohnung nach den Prinzipien von Feng Shui ein und glaubt, daß die Rettung der wahrhaft Gläubigen bei der nahenden globalen Katastrophe durch Unbekannte Flugobjekte (UFO) geschehen wird. Diese Aufzählung ist nur eine Andeutung der Vielfalt des entsprechenden Marktes. Der

Weg zu diesem Denken wird uns vor allem durch den Buchmarkt und die Medien eröffnet. Dem „Fortgeschrittenen" bieten zusätzlich die immer zahlreicher werdenden Esoterik-Messen eine Fülle von Informationen und Angeboten.

Bis zu dieser Entwicklung war Esoterik (griech.: *nach innen gerichtet*) die Bezeichnung für eine Lehre oder Geheimlehre, die für Außenstehende nicht bestimmt war, sondern nur einem ausgewählten Kreis von Interessierten (Geheimzirkel) zugänglich gemacht wurde. Das eigentliche Anliegen der Esoterik lag in der Schulung des inneren Wissens in geheimer Disziplin.

Das Gesicht der Esoterik heute hat diese Züge verloren. Vielmehr ist angebracht, von Exoterik (*nach außen gerichtet*) zu sprechen. Das heißt: Um die spirituelle Entwicklung voranzubringen, das Befinden zu verbessern oder in der Hoffnung auf Lebenshilfe wendet man sich dem Esoterikmarkt zu und greift nach seinen vielfältigen Angeboten. Esoterik ist zum Gebrauchs-Artikel geworden. Man kauft einen Kurs, eine Methode, einen Gegenstand oder eine Behandlung und erwartet davon eine günstige Beeinflussung.

Obwohl der Esoteriker sich nie und nimmer als Okkultist verstehen würde, so müßte er sich in gewisser Hinsicht die Bezeichnung gefallen lassen.

Die Begriffe Okkultismus und Esoterik wurden beide von dem französischen „Kabbalisten" Eliphas Levi (1810 – 1875) geprägt. Beide Worte bezeichnen letztlich dasselbe, nämlich die Überzeugung, daß die sichtbare Welt nicht die einzige und ganze Wirklichkeit ist, sondern von einer größeren, übersinnlichen Welt umschlossen wird. Dabei wird der Glaube vertreten, daß zwischen beiden Welten enge Analogien bestehen und daß Kommunikation möglich ist und gewünscht wird (vgl. *Werner Thiede*). Die dabei angewandten Praktiken entsprechen denen des Okkultismus. Sie basieren auf einer magischen Weltsicht und versprechen den Gewinn „höheren Wissens" und Zugang zu „höheren Welten" sowie einen Nutzen davon für die jetzige Existenz.

Ein Unterschied zwischen Esoterik und Okkultismus liegt

meines Erachtens darin, daß der Okkultismus sich jedenfalls in seinem schwarzmagischen Bereich mit dunklen Mächten befaßt und sich darauf beruft. Die Distanzierung des Esoterikers von dieser Richtung wird in der Unterscheidung von weißer und schwarzer Magie deutlich. Er nimmt lediglich den sogenannten weißmagischen Bereich für sich in Anspruch und ist besorgt, sich vor bösen Energien und dunklen Mächten zu schützen.

Der Besuch einer Esoterik-Messe kann dies bestätigen: Wir finden fast ausschließlich Angebote, die okkult-magischen Glauben voraussetzen.

5 Einige Definitionen:
Aberglaube – Magie – Zauberei

Bevor ich anschließend den Gesamtbereich des Okkultismus ausfächern und erläutern werde, möchte ich noch einige Begriffe klären, die von grundlegender Bedeutung im Zusammenhang mit Okkultismus sind.

Aberglauben

Zunächst einige typische Vorstellungen:
Biggi, Studentin, 20 Jahre:
„Eine gewisse normale Vorstellung, von der aus andere Glaubensrichtungen als Aberglauben verurteilt und die eigene als einzig richtige gesehen wird."

Bodo, Auszubildender, 22 Jahre:
„Zum Aberglauben zählen für mich alle Beobachtungen und Deutungen von Dingen und Begebenheiten, anhand welcher man meint, die Zukunft ahnen und deuten zu können."

Melanie, Schülerin, 16 Jahre:
„Aberglauben ist für mich, wenn man an übersinnliche Dinge glaubt, die nicht erklärbar sind oder z. B. wenn man eine schwarze Katze sieht und erschrickt."

Markus, ein junger Mann aus unserem Bekanntenkreis, kam von einer Silvesterreise aus Paris zurück und berichtete strahlend: „Als erstes bin ich 1990 in Sch... (Hinterlassenschaft eines Hundes) getreten." Seine Freunde wußten sofort: „Das bringt Glück!"

Und es ist ja tatsächlich anzunehmen, daß Markus im Laufe des Jahres etwas von dem verheißenen Glück erleben wird. Diese Aussagen liegen durchweg nicht falsch. Sie geben gut wieder, was allgemein als Aberglauben verstanden wird.

Wie Biggi richtig sieht, ist Aberglaube weitgehend eine „Standortfrage". Nicht selten bezeichnen Anhänger eines Glaubens Andersgläubige als Abergläubige. Ein Beispiel hierfür ist der evangelikale Pfarrer Dr. Kurt. E. Koch in seinem Buch „Okkultes ABC", der mit Luther meint: „Was nicht ‚Christum treibet', ist Aberglaube" (S. 24). Und in seinem Buch „Aberglauben" (Berghausen, o. J.) geht er soweit, daß unter dem entsprechenden Stichwort u.a. Anthroposophie, Atheismus, Augendiagnose und sogar Psychoanalyse als Aberglauben erscheint. Wie wir sehen, bezeichnet Kurt E. Koch rigoros alles, was ihm nicht in den Rahmen seines Glaubens paßt, als Aberglauben.

Ebenso finden wir solche Zuordnungen bei dem Pfarrer der Niederländischen Reformierten Kirche, Dr. Willem C. van Dam, der besonders in evangelikalen Kreisen als Okkultismus-Experte gesehen wird. Er bezeichnet z. B. Hatha-Yoga, orientalische Meditationen und Hypnose als abergläubische, gefährliche, okkulte Praktiken.[8] Bei zahlreichen Vorträgen – auch hierzulande – verbreitet er diese Auffassung und trägt dadurch zur Verunsicherung der Zuhörer bei.

Tatsächlich kann das Wort „Aberglauben" vom mittelhochdeutschen Wort „aber" (= gegen, wider) abgeleitet werden. So gesehen ist der Aberglaube also eine Einstellung und ein Tun gegen den traditionellen Glauben.

Abgeleitet vom lat. *superstitio* kann Aberglauben aber auch als Wahn- oder Überheblichkeitsglauben gedeutet werden. Aus religionswissenschaftlicher Sicht ist Aberglauben „eine Mischung von Elementen, die im Rahmen des herrschenden

Glaubens keinen organischen Platz haben oder die davon abgesplittert sind" (van Baaren); er ist in diesem Sinn „falscher Glaube". Häufig handelt es sich um überlebende Elemente „primitiver" Stammesreligionen und ihrer magischen Weltdeutung und -bewältigung, vermischt mit Volksweisheit (Volksmedizin, Wetterregeln). Der Aberglaube bedient sich auch „abgesplitterter" christlicher Elemente sowie solcher aus ehemals anerkannt magischen Wissenschaften wie z. B. der Astrologie (Horoskopgläubigkeit), ohne sich das vorwissenschaftliche Weltbild als Ganzes zu eigen zu machen. Psychologisch gesehen, erwächst Aberglaube nicht nur aus der Angst vor dem Unbekannten, sondern auch aus dem Bedürfnis, das eigene Schicksal, das aus Zufälligkeiten zusammengesetzt scheint, zu bewältigen und Gründe und Zusammenhänge zu erkennen. Er findet sich vor allem im Zusammenhang mit Tätigkeiten, bei denen Gefahr und Glück eine wichtige Rolle spielen (bei Seefahrern; beim Sport; vgl. auch die Maskottchen im Auto). Aberglauben kann zwanghaft-neurotische Züge annehmen und diese fördern.[9]

Magie

Der Magie kommt innerhalb des Okkultismus ebenfalls eine zentrale Bedeutung zu, wird im Okkultismus doch magisch gedacht, gehandelt und geglaubt.

Unter Magie versteht man bestimmte Praktiken wie Riten, Orakel, Zauber, das Anrufen von Geistern; sowie Praktiken, um Tiere, Pflanzen und Gegenstände zu beeinflussen, und zwar unter Zuhilfenahme von vermeintlich verborgenen Naturkräften oder dämonischen Mächten.[10]

Unterschieden wird zwischen *Weißer und Schwarzer Magie.* Die *Weiße Magie* gibt an, den Umgang mit guten Kräften und Mächten anzustreben, um Menschen positiv zu beeinflussen, zu helfen oder zu heilen. Praktiziert wird dies von sogenannten Gesundbetern, Heilern usw. Bekannt ist die Methode des Besprechens von Warzen.

Die *Schwarze Magie* sucht den Umgang mit bösen Kräften

und Mächten, um Menschen zu beeinträchtigen. Sie wird angewandt z. B. bei der sogenannten Ferntötung, dem Schadzauber, beim Ver- oder Behexen usw.

Diese beiden Arten der Magie haben einen direkten Bezug zur Religion. Man *glaubt*, mit diesen oder jenen Mächten, Wesen oder Geistern etwas Gewünschtes zu erreichen. Der magisch Denkende ist der Auffassung, durch bestimmte Gedanken oder bestimmte Handlungsvollzüge (Rituale) andere Menschen nach seinem Willen beeinflussen oder Situationen in seinem Sinne gestalten zu können. Er glaubt andersherum, daß auch er durch andere magisch beeinflußt werden kann.

Abgesehen von dem Marktangebot der professionellen Weiß- oder Schwarzmagier bleibt zu prüfen, inwieweit im eigenen Denken, Handeln oder Glauben Magie mitschwingt. Hand aufs Herz: Wie oft haben wir schon dreimal auf Holz geklopft, ist uns der bekannte Satz „Unberufen, toi, toi, toi" entschlüpft oder haben wir mit der Anschaffung eines Talismans geliebäugelt?

Zur Erklärung:

Talismane sind Gegenstände oder Schriftstücke, denen die Kraft zugedacht (oder angeglaubt) wird, *positive* Einflüsse *herbeizuzwingen* (wie z. B. Glück im Spiel oder in der Liebe, gute Ernten, unverhofften Gewinn, Gesundheit, Treffsicherheit usw.). Sie werden oft für teures Geld verkauft und sind ohne positive Wirkung.[11]

Amulette sind Gegenstände oder Schriftstücke, denen die Kraft zugedacht (oder angeglaubt) wird, *negative* Einflüsse und Gefährdungen *fernzuhalten* und vor ihnen zu beschützen (wie z. B. Hexerei, Waffeneinwirkung, Hagel, Blitzschlag, Gift usw.).

Bei Diskussionen nach Vorträgen kommt von Teilnehmern öfters die Frage, ob das Kreuz, das man um den Hals trägt, die Bedeutung eines Talismans oder eines Amuletts habe.

Diese Frage kann und muß sich jeder selbst beantworten. Wenn ein Kreuz getragen wird, um den Schutz durch Jesus Christus sicherzustellen oder böse Geister, Satan oder Dämonen damit abzuwenden, so zeugt dies von einer magischen Einstellung. Andererseits kann das Kreuz, das ich trage, ein Zeichen meiner Zugehörigkeit (wie ein Familienname) sein und andere meine Gesinnung erkennen lassen.

Zauberei

Angewandte Magie kann *Zauberei* genannt werden. Zauberei ist die Praxis der Magie. Durch Zauber sollen scheinbar übernatürliche Dinge bewirkt, also Naturgesetze außer Kraft gesetzt werden. Hier muß man jedoch unterscheiden zwischen dem *Okkult-Zauberer* und dem *Schau- und Unterhaltungszauberer*. Letzterer ist oft ein Künstler mit hohem Niveau, der mit Tricks arbeitet, die er auf der zuständigen Börse teils sehr teuer kauft und sorgfältig einübt. Mit extrem schnell ausgeführten Handlungsabläufen werden unsere Sinne getäuscht. Wir nehmen gebannt und staunend unglaubliche Dinge wahr. Der *Okkult-Zauberer* dagegen arbeitet ebenfalls mit Tricks, leugnet dies jedoch und beruft sich auf übersinnliche und übernatürliche Fähigkeiten bzw. Kontakt zu jenseitigen Mächten.

Ab und an meldet sich in unserer Einrichtung ein „Unterhaltungszauberer" und bietet seine Hilfe bei der Aufklärung zum Okkultismus an. Tenor dieser Angebote: Laßt *uns* machen, wir zeigen, daß alles „fauler Zauber" ist.

Aus dem Wissen heraus, *was* alles und *wie* geschwindelt wird, mit welchen Tricks Menschen von Scharlatanen zur Gläubigkeit an Geister und Kräfte gebracht werden sollen, ist das Angebot sicher interessant.

Doch ist festzustellen, daß nicht alle Geschehnisse auf dem Gebiet des Okkultismus mit *Zauberei* abgetan werden dürfen. Damit machen wir es uns zu einfach und werden mit dieser Haltung auch der Wahrheit nicht gerecht. Denn: Zum einen sind manche Ereignisse im Okkultismus weder durch Tricks hergestellt noch Geisterwerk, sondern natürlich erklärbar. Zum anderen muß berücksichtigt werden, daß es den sensitiven Menschen gibt, der hellfühlig und hellsichtig ist, der also über paranormale Fähigkeiten verfügt.

Eine direkte Anwendung paranormaler Fähigkeiten wird in erster Linie von „Geistigen Heilern" und „Sensitiven" (Hellsehern) in Anspruch genommen, wobei nicht sichergestellt ist, wie weit ihr Erfolg auf PSI (Bezeichnung für alle paranormalen Phänomene, siehe auch „Begriffserklärungen") zurückzuführen ist bzw. zu welchem Teil Menschenkenntnis und Erfahrung mitwirken. Durchgeführte Untersuchungen mit „professionellen" Sensitiven ergaben keinen eindeutigen Befund. Auch konnte bisher nicht bestätigt werden, daß PSI-Fähigkeiten antrainiert, also erworben werden können. Der PSI-Erfolg scheint vielmehr auf einer Disposition zu beruhen, also einer Begabung, die durch bestimmte Methoden (z. B. Meditation, Entspannung) aktiviert bzw. dadurch Störungen ausgeschaltet werden können.

Die von diversen Geschäftemachern angebotenen Trainingskurse zum Erwerb paranormaler Fähigkeiten sind demnach als unseriös anzusehen.

Unsere Sache ist,
– nicht auf jeden Trick hereinzufallen;
– Ereignisse soweit wie möglich genau zu prüfen, und zwar mit unserem gesunden Menschenverstand;
– alles auf natürliche Ursachen hin zu hinterfragen;
– im Zweifelsfall Informationen zu beschaffen und durch Gespräche mit anderen Klärung zu suchen.

Da nicht immer eine hundertprozentige Aufklärung von „geheimnisvollem" Geschehen möglich ist, empfehle ich, dies auszuhalten, allerdings in der Gewißheit, daß nicht zuletzt durch die Forschung der Parapsychologie immer mehr Licht in dieses Dunkel gebracht wird.

Und denken Sie daran: Unsere Vorfahren wußten den Donner u. ä. nur dem Groll der Götter zuzuschieben!

6 Die „selbsterfüllende Prophezeiung"

Das Phänomen der selbsterfüllenden Prophezeiung (engl. *self-fulfilling prophecy*) ist quer durch den ganzen Bereich des Okkultismus anzutreffen und muß überall dort als Gefahr gesehen werden, wo mit Vorhersagen gearbeitet wird.

Es handelt sich dabei um eine Voraussage, die sich selbst erfüllt, weil der Betroffene von der Wahrheit dieser Nachricht überzeugt ist; gerät man erst einmal in den Bann einer solchen Prophezeiung, führt dies gerade dazu, daß sich das Vorhergesagte tatsächlich ereignet. Wird z. B. durch das Pendel, durch eine Orakelpraktik, einen Wahrsager oder mittels einer „Geisterbotschaft" beim Gläserrücken ein bevorstehender Unfall angekündigt und wird diese Nachricht im Innern nicht voll als unwahr abgewiesen, ist es möglich, den Unfall selbst durch unbewußte Manipulation herbeizuführen.

Dies kann etwa wie folgt geschehen:

Zunächst wird die persönliche Sicherheit gestört. Selbst nur der Gedanke, daß vielleicht ein Körnchen Wahrheit daran sein könnte, verunsichert das Verhalten. Zufällige Ereignisse, wie z. B. das Quietschen eines bremsenden Wagens, ein Ausrutschen auf der Straße, der aufmerksame Blick eines Passanten o. ä. werden als Bestätigung der schon wirkenden Prophezeiung gedeutet. Die ganze Aufmerksamkeit und Wahrnehmung verengt und fixiert sich auf Hinweise für das angekündigte Geschehen.

Dadurch werden wiederum unvorhergesehene Verhaltensweisen hervorgerufen. Diese können sowohl das Eintreffen der Vorhersagen bewirken, wie sie auch scheinbar nachträglich das Zutreffen der ursprünglich falschen Vorhersage beweisen. Wenn ein Mensch fest an die Wirksamkeit magischer Rituale glaubt oder sie zumindest für möglich hält, dann vermag die Drohung: „Eine Hexe wird dich töten" seine psychische Befindlichkeit stören. Seine Angst kann ihn derart aus dem Gleichgewicht bringen, daß er psychosomatisch erkrankt, was dann wieder als Beweis für die „Arbeit" der „Hexe" gilt.

In seinem Buch „Begnadet, besessen oder was sonst?" schreibt Christian Weis (S. 57): „Der Grund dafür liegt wohl darin, daß das magische Denken in der frühkindlichen Entwicklung eine normale Stufe darstellt und bei vielen Menschen nicht aufgearbeitet wird, sondern in verdrängter Form weiterbesteht und bei entsprechenden Anlässen – eben bei der Begegnung mit Menschen, die vorgeben, magisch wirken zu können – das Denken irrational beeinflußt."

Abergläubische Furcht vor magischen Kräften ist oft der Grund dafür, daß psychische Beeinträchtigungen, Krankheiten oder Unglücksfälle eintreten. Die Furcht wirkt in solchen Fällen autosuggestiv. Kurz gesagt: Wenn ich glaube, daß ein anderer mir etwas zufügen kann, gebe ich ihm schon Macht. Ich selbst bin es in diesem Fall, der die Vorhersage zur Erfüllung bringt.

OKKULTISMUS HEUTE

Nach dieser grundlegenden Betrachtung einiger übergreifender Aspekte des Okkultismus lade ich zu einer Erkundungsreise durch die heutige Okkult-Landschaft ein. In drei Etappen können wir wesentliche Schauplätze kennenlernen. Wenn wir uns dabei Okkultreisenden anschließen, entdecken wir, daß der Antrieb, sozusagen das benutzte Fahrzeug, immer die „Suche" ist, nämlich:

1. die Suche nach dem besonderen Wissen;
2. die Suche nach besonderem Kontakt;
3. die Suche nach besonderer Macht.

Diese Einteilung[12] strukturiert den gesamten Bereich des Okkultismus in seiner heutigen Erscheinungsform. Im Folgenden soll ausführlich darauf eingegangen werden.

I Die Suche nach besonderem Wissen: Orakel- und Deutepraktiken

Bei der Suche nach *besonderem Wissen* geht es darum, daß ich mehr wissen möchte über meine Vergangenheit, Gegenwart und Zukunft, über einen anderen Menschen oder über eine Situation.

Ich suche nach Wissen, das ich normalerweise nicht wissen kann, das über das mir vom Verstand her zugängliche Wissen hinausgeht.

Hierzu gibt es eine Reihe von Hilfsmitteln, die sowohl privat im Freundeskreis als auch bei professionell tätigen okkulten „Wissen-Anbietern", den Wahrsagern, Hellsehern, Zukunftsdeutern (Paragnosten), verwendet werden.

Wie es aussieht, erlebt die Zunft der „Wahrsager" gerade in unseren Tagen regen Zuspruch und das, obwohl die Preise sich nach unserer Erkundigung im Rahmen von etwa 65,– DM bis 200,– DM für die erste Sitzung belaufen.

Hier deutet sich ein Drei-Schritt an:

1. Noch vor ein paar Generationen hatte der Priester als Seelsorger in gewisser Weise auch die Rolle des Lebensberaters.

2. Laut „Psychologie heute" (1984) wurde seit Beginn der achtziger Jahre „die Priesterherrschaft" vom Therapeuten übernommen. Die Autorität von Therapeut und Gruppe hat zum großen Teil Beicht- und Beratungsfunktion des Seelsorgers ersetzt.

3. Und nun wird in jüngster Zeit der Schritt zum medialen Berater immer beliebter.

Man traut doch nicht mehr so ganz dem anstudierten Fachwissen des Diplom-Psychologen, sondern ist der Überzeugung, daß es besser ist, *alle* Kräfte (eben auch *übersinnliche*) zu Rate zu ziehen.

Es gibt das Gerücht, daß einige Therapeuten sich nicht so leicht die Butter vom Brot nehmen lassen und bei medialen Beratern in die Schule gehen sollen. Bei einem Vortrag wurde mir berichtet, daß eine Schreinerei nur für Therapeuten eine Extralieferung Spiritisten-Tischchen hergestellt haben sollte. Die zum Erwerb von *besonderem Wissen* verwendeten Methoden werden von der Parapsychologie als *„nicht anerkannte Deute- und Beratungspraktiken"* bezeichnet. Das heißt, man deutet damit Situationen und Ereignisse oder berät mit Hilfe wissenschaftlich nicht anerkannter okkulter Verfahren. Im Folgenden möchte ich die gängigsten Praktiken vorstellen.

1 Pendel

Die Verwendung des Pendels ist im ganzen Bereich des Okkultismus zu beobachten.

Der Umgang mit dem Pendel wird der Radiästhesie zugeordnet (lat. *radius* = Strahl, griech. *aisthesis* = Fühligkeit). Dabei wird von der Feststellung ausgegangen, daß alle Gegenstände Strahlen aussenden. Der Strahlenkranz, der jedes Objekt umgibt, wird Aura, Corona oder Astralleib genannt. Der Strahlenfühlige kann durch die Bewegung des Pendels erfahren, ob die jeweilige Strahlung schädlich oder nützlich ist.

Gependelt wird z. B. im freien Gelände, über Medikamenten, über Lebensmitteln, über Photographien, Handschriften und Gegenständen aus dem Besitz eines Menschen, da letztere die gleiche Strahlung aufweisen sollen wie ihr Eigentümer. Das Pendel wie auch die anschließend vorgestellte (Wünschel-) Rute dienen der Intensivierung der Fühligkeit, indem die Tastorgane quasi durch Verlängerung und Vergrößerung sensibilisiert werden. „Die in der Radiästhesie verwendeten Instrumente sind nichts als mechanische Verstärker kleiner Nerven-Muskel-Reflexe, gewöhnlich und am häufigsten der Handreflexe.[13]

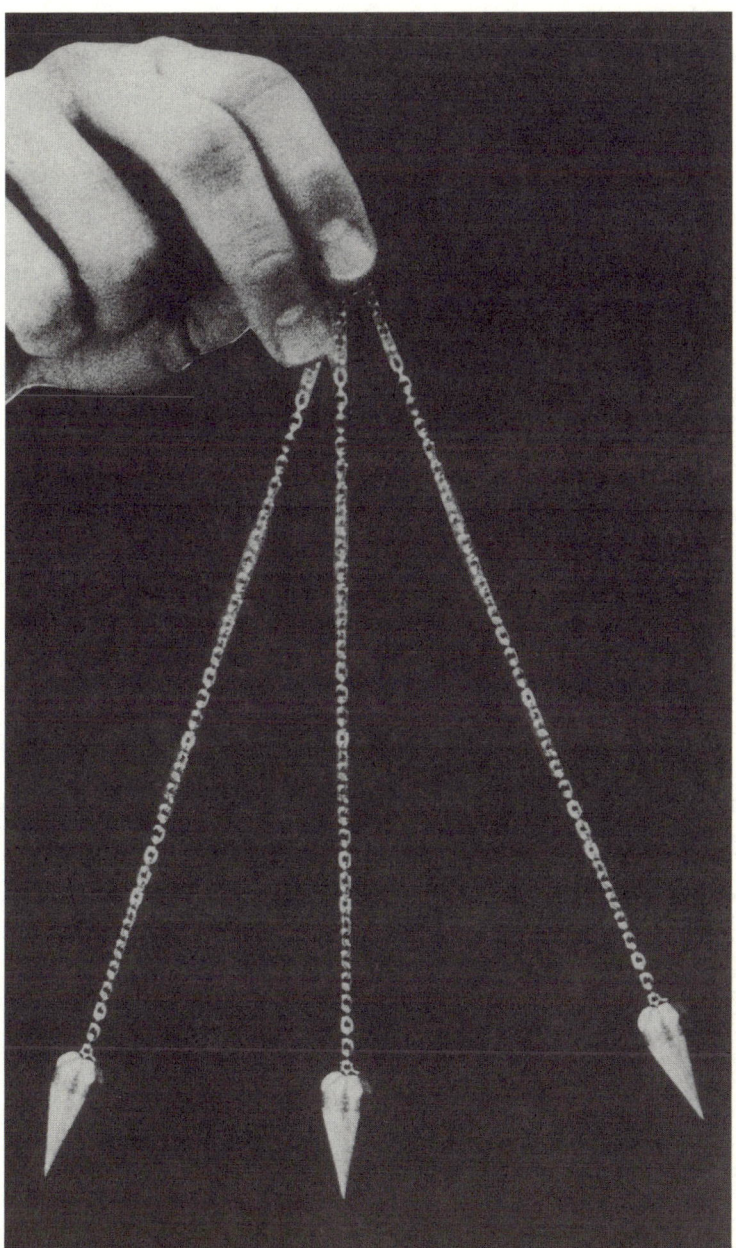

Beim Pendeln wird ein an einem Faden hängender Ring oder ein Lot über einem Objekt gehalten, worauf das Pendel in Schwingungen geraten kann. Wesentlich ist, daß es von Menschenhand freihängend gehalten wird. Ein auf einem Gestell befestigtes Pendel schlägt nicht aus.[14]

Nach Aussage von Pendel- und Ruten-Literatur kann man mit Hilfe dieser Techniken z. B. folgendes feststellen:

- ob ein Mensch lebt oder tot ist (indem über einem Photo des Betreffenden gependelt wird);
- welches Geschlecht ein ungeborenes Kind hat;
- wo sich vermißte Personen befinden (Stadtplan o. ä.);
- welches Medikament zu einem Menschen paßt;
- ob ein anderer Mensch ein geeigneter Partner ist;
- wo sich verlorene Gegenstände befinden;
- wann man selbst sterben wird;
- wer ein Verbrechen begangen hat;
- wo vermißte Schiffe untergegangen sind;
- welcher Beruf zu einem paßt;
- welche zukünftigen Ereignisse bevorstehen;
- welches Urlaubsziel richtig ist.

Diese Aufzählung ist ein kleiner Teil dessen, was „möglich" sein soll.[15]

Unterschieden wird[16] weiter:

1. *Mentales Pendeln:* auf Sachverhalte bezogen (Ortsangaben, Entscheidungen über Leben und Tod einer bestimmten Person, Gesundheit, Aussagen über Zahl der zu erwartenden Kinder oder das Geschlecht eines Ungeborenen).
2. *Physikalisches Pendeln:* auf reale Dinge gerichtet, wie Wasseradern, Erdstrahlungen, Magnetfelder.

Mentales Pendeln kann auf zweierlei Weise vollzogen werden:

- Pendeln über einem *Alphabet* (Buchstabenkreis). Durch Aneinanderreihen angependelter Buchstaben ergeben sich Antworten auf gestellte Fragen.
- Das Pendeln über *Gegenständen* (Photos, persönlichen

Gegenständen wie einer Haarlocke, einem Brief, Medikamenten, Speisen) erfolgt nach einem vorher festgelegten System und soll (zumeist mit „Ja/Nein") Fragen in bezug auf Vergangenheit, Gegenwart und Zukunft beantworten.

Wie kommt es zu der Bewegung des Pendels?

1. *Unbewußte Muskelbewegungen:*
Ein von den meisten Menschen vermuteter „Ruhezustand" der Muskeln ist nicht zu erreichen. Auch bei völlig bequemem, entspanntem Sitzen, Liegen oder Stehen besteht der Muskeltonus oder die Muskelspannung trotzdem. Einzelne Muskelfasern sind also immer angespannt, was sich durch meßbare Erregungsimpulse beweisen läßt. So ist auch die Haltearbeit des Pendels ein aktiver Vorgang, selbst wenn der Ellbogen aufgestützt und die Einzelkondition des Halters noch so gut ist. Früher oder später tritt Ermüdung ein, wodurch Muskelzittern entsteht und das Pendel in Bewegung versetzt wird.

2. *Resonanz wirkt verstärkend:*
Ein weiteres Phänomen läßt sich beim Pendel beobachten: Das der Resonanz, der Aufschaukelung. Bei guten „Pendelmedien" kommt es rasch zu sehr schönen Bewegungen. Das Pendel beginnt mit kleinen Kreisen, die immer größer werden. Wenn immer im gleichen Rhythmus der gleiche Schwingungsanstoß hinzukommt, ist dies auch kein Wunder. Jeder kennt das von der Schiffschaukel auf dem Jahrmarkt, bei der es geschickte Kinder zu beträchtlichen Höhen bringen.

3. *Kapillarpulswellen wirken verstärkend:*
Ein auf dem Markt befindliches Pulsmeßgerät funktioniert, indem man den Finger in eine Öffnung steckt und dann den Pulsschlag in der Fingerkuppe mißt.
Die Kapillarpulswellen, die in den Fingern ebenso vorhanden sind, wirken als kleinste rhythmische Bewegungsimpulse verstärkend.

4. *Die Atmung wirkt verstärkend:*
Auch grobmotorische Einflüsse sind spürbar. Die Atmung ist z. B. vom Gewehrschießen her als störend bekannt. Dort muß

dann abgedrückt werden, wenn ein möglichst ruhiger Zustand des Armes und des Brustkorbes erreicht ist, also beim Ausatmen. Über den langen Hebelarm des Armes und der Pendelschnur übertragen sich die Atembewegungen natürlich optimal, so daß sich ein minimaler Ausschlag am Drehpunkt stark am anderen Hebelende vergrößert.

Für denjenigen, der zum ersten Mal mit einem Pendel konfrontiert wird, das auf Fragen „richtig" antwortet, ist natürlich besonders interessant, *warum* das Pendel so schwingt. Schuld daran ist der *Carpenter-Effekt*, der darin besteht, daß *jede Bewegungsvorstellung einen Antrieb zum Vollzug dieser Bewegung einschließt.* Beispiele aus anderen Bereichen mögen das verdeutlichen:
Der Turm eines gotischen Domes ‚reißt' den Blick nach oben. Bei der Beschreibung einer Wendeltreppe kommt es fast regelmäßig zu charakteristischen Hand- und Fingerbewegungen.
Kinder machen zur Beschreibung eines dicken Menschen entsprechend charakteristische Gesten. Der Anblick eines herzhaft gähnenden Menschen oder selbst nur die lebhafte Vorstellung des Gähnens ist ansteckend.[17]
Der Carpenter-Effekt macht deutlich, daß das Pendel sich so bewegt, wie der Pendler es bewußt oder unbewußt beeinflußt. Durch das Pendeln wird uns also nicht übersinnliches, übernatürliches Wissen vermittelt, sondern Gewußtes, Erhofftes, Befürchtetes oder Verdrängtes.

Abschließend möchte ich über einige Beispiele von mentalem Pendeln berichten:
Inga, die Tochter von Freunden, wollte aus Jux – wie sie sagt – mit Hilfe des Pendels erfahren: „Wie viele Kinder bekomme ich?" Doch das Pendel blieb eisern stehen, bewegte sich absolut keinen Millimeter. Als Inga mir davon erzählte, wirkte sie ziemlich verkrampft, und unecht lächelnd meinte sie mehr fragend: „Das stimmt ja sowieso alles nicht."

Anmerkung:
Inga mußte schleunigst klargemacht werden, was es mit der Funktion und „Wahrheit" des Pendels auf sich hat. In ihr könnte sich sonst die Überzeugung festsetzen, keine Kinder zu bekommen. Sie könnte unter Umständen durch einen solchen Glauben im Sinne der selbsterfüllenden Prophezeiung beeinträchtigt werden.

Eine Frau kam zu uns in die Beratung. Vor Jahren hatte sie einen Wahrsager aufgesucht, als sie vor der Entscheidung stand zu heiraten. Sie war sich damals sehr unschlüssig und vertraute schließlich der Empfehlung dieses Mannes. Er hatte über einem Bild des Zukünftigen gependelt, und es zeigte sich „Ja". Überzeugt, daß dies besseres Wissen sei, als ihr selbst zur Verfügung stand, heiratete sie. Die Ehe wurde eine Katastrophe.

Anmerkung:
Die durch das Pendel getroffene Entscheidung hatte sich als falsch erwiesen. In der Beratung wurde der Frau bewußt, daß ihr eigentlich nur die Trennung von ihrem Ehemann blieb. Doch sie konnte sich nicht dazu entschließen. Der Wahrsager mit seinen „besonderen Fähigkeiten" wußte es besser. Hätte die Frau auf die Warnsignale geachtet, die ihr die Entscheidung seinerzeit so erschwert hatten! Der Gang zum Wahrsager kann und darf uns keine Entscheidung abnehmen. Ganz abgesehen davon, daß die Konsequenzen einer Fehlentscheidung ja auch nicht von dem „medialen Helfer" übernommen werden.

2 Wünschelrutengehen

Das Wünschelrutengehen, auch *Muten* genannt, wird wie das Pendeln zur Radiästhesie gerechnet. Es ist seit der Antike bekannt. Die Rute besteht meist aus einem gegabelten Zweig; auch Metall- und Plastikruten sind auf dem Markt. Der Rutengänger faßt mit beiden Händen die Gabelenden so an, daß zwischen den gehaltenen Enden und der Spitze ein labiles Gleichgewicht entsteht. Der Ausschlag der Wünschelrute

soll auf bestimmte „Reizzonen" (Wasser-, Erzadern, Ölvor-
kommen u. a.) reagieren und auf im einzelnen noch nicht
geklärte biophysikalische Mechanismen zurückgehen. Die
Wünschelrute wird auch zu quasi-medizinischen Diagnosen
(z. B. krebsverursachende „Erdstrahlen") herangezogen.
Was nun wirklich dran ist?

In einer vom Bundesministerium für Forschung und Techno-
logie im Jahr 1988 unterstützten Studie über „Errichtung und
Betrieb von Test-Anordnungen mit künstlichen und variablen
Feldern niedriger Energie zum Studium der Reaktionen in
biologischen Makrosystemen" (kurz: Wünschelruten-Report)
untersuchten Wissenschaftler an der Technischen Universität
München die Fähigkeiten von 500 Rutengängern in 10.000
Einzelexperimenten. Der Grund dafür lag vor allem darin, daß
nach Ansicht breiter Bevölkerungskreise durch unterirdische
Wasseradern erzeugte „Erdstrahlen" zum Ausbruch schwerer
und chronischer Erkrankungen führen können.

Das veröffentlichte Ergebnis der Untersuchung war enttäu-
schend. Die Treffsicherheit sei in den meisten Fällen schlecht
gewesen, fanden die Forscher, und „kaum oder nicht vom
Zufall zu unterscheiden". Aber, so mußten die Münchner
Physiker einräumen, da habe es bei einzelnen Rutengängern
eben doch eine Trefferquote gegeben, „welche kaum oder
nicht durch den Zufall erklärt werden kann".[18] Die Experimente führten zu der Erkenntnis, daß die wiederholt aufge-
stellten Behauptungen über die Fähigkeiten von Rutengängern und die Gefährlichkeit von Erdstrahlen im allgemeinen
als maßlos übertrieben anzusehen seien und einer wissenschaftlichen Grundlage entbehrten.[19]

3 Kristallkugel

Die Kristallkugel ist ein klassisches Hilfsmittel der Wahrsager. Ihre Verwendung ist allerdings nicht so verbreitet.
„Der Seher", so wird es in PM, Heft „Pespektive Jenseits", beschrieben, „drapiert seine Kugel in einem abgedunkelten

Raum auf schwarzem Samt nicht nur, weil das geheimnisvoll und eindrucksvoller wirkt, sondern auch, weil ihn so keine Reflexe auf der Oberfläche der Kugel ablenken."

Vorher hat er sie natürlich sorgsam rituell gereinigt, um sie von fremden Einflüssen – und von Fingerabdrücken – zu befreien und mit Energien aufzuladen. Am besten geschehe dies zwischen Neu- und Vollmond, empfehlen einschlägige Bücher. Manchem Seher helfen Weihrauch und sanfte Musik, um sich in die gewünschte Stimmung zu versenken, andere brauchen Stille. In einem Zustand zwischen Wachen und Schlafen, den Blick in Kristall vergraben, wartet das Medium auf das, was die Kugel ihm sagen wird. Viele Seher schildern nebelige Wirbel als Vorboten ihrer Zukunftsvisionen, andere erblicken schattenhafte Formen und flirrende Farbpunkte, die sich zu einem Farbring ausbreiten. Schließlich erscheinen Bilder, Szenen, Handlungsabläufe. Der Seher hat eine Vision. Oder sagt, daß er eine hat.

Im Trancezustand werden, ähnlich wie in Träumen, geistige Bilder erzeugt. Psychologen nehmen an, „daß durch die Konzentration auf die Kugel inneres Wissen hochsteigt und in Visionen formuliert wird", während Okkultgläubige der Ansicht sind, „daß das Kristall selbst dem Medium helfe, seine mystischen Kräfte zu sammeln".[20]

Unter Kristallsehen, auch Kristallomantie genannt, versteht man alle Verfahren, bei denen durch Betrachten von spiegelnden, leuchtenden oder durchsichtigen Körpern Visionen oder innere Erfahrungen produziert werden.

4 Weissagung aus dem Kaffeesatz

Auch die alte Methode, aus dem Kaffeesatz (oder aus Tee-rückständen) weiszusagen, ist wieder in Mode gekommen. Wir sehen, daß nichts zu alt ist, um vom modernen (aufge-klärten?) Menschen nicht an Land gezogen zu werden.

Und so geht's:

Man trinkt zusammen Kaffee oder Tee, bis nur noch Satz oder

Blätter in ein paar Tropfen Flüssigkeit auf dem Tassengrund schwimmen. Dann wird die Untertasse auf eine Tasse gelegt, das Ganze mit der linken Hand gedreht und umgestülpt, damit der Bodensatz an den Tassenwänden verläuft und trocknend Muster bildet – die man deuten kann.[21]

5 Tarot

Das Tarot (auch Tarock) ist ein Kartenspiel, dessen Name aus dem Arabischen über das Italienische (tarocca) ins Deutsche gelangt sein soll. Tarot wird als jahrtausendealte Weisheitslehre bezeichnet. Die Trümpfe sollen – so eine Theorie – Kopien ägyptischer Grabmalereien sein. Im 11. Jahrhundert soll es durch die Kreuzritter nach Europa gelangt sein. Eine andere Deutung über die Herkunft sagt, daß die Tarotkarten um das 10. Jahrhundert in China oder Korea von den Abbildungen auf dem ersten Papiergeld abgeleitet worden seien. Jedenfalls ranken sich unzählige Mythen und Legenden um die „geheimnisvollen" Karten. Philosophen, Magier und Mathematiker haben sich seit Jahrhunderten damit beschäftigt und Bücher darüber geschrieben. Es fristete lange Zeit im Untergrund sein Dasein bis zu seiner großen Entdeckung als Liebestarot zur Zeit des Rokoko in Frankreich.

Ein Tarot-Satz besteht aus 78 Karten, 22 Bildkarten (die „Großen Arkana") und 56 Farb- und Zahlkarten (die „Kleinen Arkana"). Die Bildkarten haben so geheimnisvolle Namen wie „Die Hohepriesterin", „Der Herrscher", „Das Gericht" und „Der Narr". Die Farbkarten teilen sich in vier Gruppen: „Stäbe", „Kelche", „Schwerter" und „Münzen".

Jede einzelne Tarotkarte hat eine symbolische Bedeutung. Und je nach ihrer Lage in einem der überlieferten Auslegemuster liest der Deuter daraus die momentane Situation, die Vergangenheit und die Zukunft des Ratsuchenden ab.[22]

Wie wird mit Tarot umgegangen?

Im „Tarot – Spiegel der Seele"[23] ist folgende Anleitung zum Ziehen einer Karte gegeben: „Das Ziehen von Karten sollte stets durch einige kleine Rituale vorbereitet werden. Es ist gut, die Karten in einem besonderen Kästchen oder in einem schönen einfarbigen Tuch aufzubewahren. – Wendet man sich ans Tarot als weisen Ratgeber in bedeutsamen Lebensfragen, so sollte man dem Augenblick etwas Schönes und Meditatives geben. Die Karten werden in Ruhe sorgfältig gemischt und in einem Fächer mit den Bildern nach unten auf dem ausgebreiteten Tuch ausgelegt. Eine angezündete Kerze, ein Blumenstrauß, das Bild eines geliebten Menschen oder sonst irgendein persönlicher Gegenstand können die Szene in etwas Besonderes und Feierliches verwandeln. – Vorbereitend sollten die Hände kurz (oder bei Bedarf auch kräftig) ausgeschüttelt werden. Dadurch werden Spannungen gelöst, und die Energie fließt leichter hindurch. Gezogen wird stets mit der linken Hand."

Wichtig ist, daß ich mich während des Mischens der Karten auf meine Frage konzentriere.

Das kann sein:

eine Frage zur *Gegenwart,* wie z. B.:

– Welchen besonderen Einflüssen bin ich hier und jetzt ausgesetzt?
– Wie soll ich mich jetzt verhalten?

oder eine *Entscheidungsfrage,* wie:

– Welchen Beruf soll ich wählen?
– Soll ich mich von meinem Freund trennen?

oder Fragen über die *Vergangenheit*

oder Fragen zur *Zukunft,* wie:

– Finde ich bald einen neuen Partner?
– Soll ich heiraten?

Zum Beispiel steht eine Begegnung mit einem Menschen bevor. Mögliche Fragen ans Tarot wären in einem solchen Fall: „Was bedeutet für mich die Beziehung zu diesem Menschen?" – „Was bringt dieser Mensch mir entgegen?" – „Wie sollte ich mich ihm gegenüber verhalten?" – „Was kann ich im Umgang mit ihm lernen?" usw.

Dieses Beispiel (entnommen dem erwähnten Handbuch des Crowley-Tarot) reizt zu hinterfragen:

1. Brauche ich solche Praktiken, wenn ich mich in Begegnungssituationen unsicher und ängstlich erlebe?
2. Durch die Betrachtung bzw. Prüfung der kommenden Begegnungssituation anhand von Tarot kanalisiere ich meine Wahrnehmung und stimuliere mein Verhalten.
3. Ich gehe also mit einer bestimmten Erwartungshaltung in die Begegnung, nicht mehr frei und offen.
4. Was mache ich mit dem Menschen, der mir da begegnen wird, im vorhinein?
5. Welche Chance hat er noch, von mir offen als er selbst wahr- und angenommen zu werden?
6. Bin ich damit wirklich in der tatsächlichen Situation, oder entferne ich mich eher von der Möglichkeit, die Realität wahrzunehmen?
7. Kann hier nicht unverzüglich die „selbsterfüllende Prophezeiung" in Gang kommen und mein Empfinden und Handeln beeinträchtigen?

Alles in allem: Was mache ich da mit mir und dem anderen?
Tarot-Freunde sind der Meinung:

– Das Tarot kann als Schlüssel zu den Bildern und den Zuständen unserer seelischen Bereiche benützt werden.
– Die Bilder und Symbole des Tarot übernehmen im Prozeß des Kartenlegens die Funktion des Vermittlers.
– Die gezogene Karte zeigt einen seelischen Bereich, der für den jeweiligen Augenblick bedeutsam ist.
– Die Beschäftigung mit dieser gezogenen Karte und der dadurch sichtbar gewordenen Problematik weist Zukunftstendenzen auf und gibt Ratschläge, die bisher nur unbewußt im Fragesteller ruhten.

Sicher ist es korrekt, daß man das Tarot als tiefenpsychologische Praktik verstehen kann, mit dessen Hilfe versucht wird, Tiefenschichten des menschlichen Bewußtseins zugänglich zu machen, ähnlich der Traumarbeit. Und doch – geht das nicht schon in den Bereich der Orakelpraktik über? Die Abgrenzung dieser beiden Verwendungsmöglichkeiten gegeneinander wird häufig nicht vorgenommen. Klare Unterscheidung ist unbedingt zu empfehlen, da Tarot, als Orakelpraktik ver-

standen, einer eigenständigen, selbstverantworteten Lebensgestaltung entgegensteht.

In weiteren Überlegungen möchte ich diese Aussagen vertie-
fen.

In einer Kirchengemeinde empörte sich ein junges Mädchen,
Mitarbeiterin in der Jugendarbeit, darüber, daß ich Tarot im
okkulten Zusammenhang überhaupt erwähnen könne! „Mir
hilft Tarot, viel besser mit mir selber klarzukommen." Eine
solche Aussage erfordert die Nachfrage: „Inwiefern? Wie
gehen Sie mit Tarot um? Wie verstehen Sie Tarot?" Und ich
höre: „Wenn ich in einer Situation unsicher bin, nicht weiß,
was ich tun soll, kann ich das Tarot befragen. Ich kann dann
mit Hilfe der Karten viel über mich oder die Angelegenheit erfahren und bekomme heraus, wie ich mich zu verhalten oder
zu entscheiden habe. Gern habe ich meine Freundin dabei, da
sie ebenfalls Erfahrung hat."

Psychologische Praktik oder *Orakel*befragung?

Folgende Fragen möchte ich dazu stellen (im Anschluß an
jene auf Seite 56):

- Nehme ich mit Hilfe der Karten wirklich frei wahr, was in
  mir vorhanden ist, oder ist durch die jeweilige Karte mit
  ihrem Themenangebot meine Wahrnehmung gesteuert?
- Kann ich mich gegen eine durch Tarot erkannte Entscheidung stellen? Welche Gefühle habe ich dabei?
- Welche Zuordnung hat für mich die Aussage des Tarot –
  sehe ich darin die Ausschöpfung meiner natürlichen An-
  lagen und Fähigkeiten, oder erlebe ich Tarot als Hilfe über-
  sinnlicher Mächte?
- Liegt hier eine besondere Verknüpfung von Magie und
  Psychologie vor? Kann im laienhaften Umgang überhaupt
  unterschieden werden, was da vorgeht?

Und *last not least,* sicher sehr überspitzt gefragt: Kann ich
überhaupt eine Lebensentscheidung oder soll ich auch nur
eine Alltagsentscheidung von einem Stück Papier (sprich:
Karte) abhängig machen, oder gibt es andere, sicherere oder
bessere Möglichkeiten? Wie wäre es, wenn die Freundin, die
mir die Karten legt, die Karten *weg*legt und mit ihrer Zuwen-

dung und Kenntnis meiner Person mit mir spricht und mir so Anstöße gibt und hilft, meine Entscheidung zu erarbeiten? Natürlich bedeutet dies für die Freundin und mich u. U., daß wir uns dann auf einen längerwierigen, vielleicht auch beschwerlichen Prozeß einzulassen haben, da eben nicht nach Abschluß eines Rituals feststeht, was zu tun ist.

Außerdem wäre hier ein Training in Selbstvertrauen nötig. Warum denn immer von außen und mit Hilfe wirklich fragwürdiger Methoden Klärung suchen? Sind wir selbst so schwach, oder lassen wir uns das vielleicht von der Psychowelle oder den Medien einreden? Wissen wir nicht mehr auf ganz natürliche Weise mit unseren fünf Sinnen umzugehen? Vielleicht sollten wir dahin wieder zurückfinden, daß wir unsere natürlichen Fähigkeiten zur Wahrnehmung, Deutung und Entscheidung wieder mehr entdecken können.

Noch ein Beispiel:

Gestern, ich war gerade mit diesem Kapitel des Buches beschäftigt, kam Katrin, eine Freundin unserer Söhne. Sie erzählte, daß sie nächste Woche ihr Examen habe und die Situation „recht mäßig" finde. „Fragen Sie doch mal die Karten, bestehe ich mein Examen?" bat sie mich. Ich ließ mich tatsächlich unter dem Druck meiner Söhne: „Mutter, mach doch mal!" verführen. Katrin zog die Karte „Fünf Scheiben – Quälerei". Vorsichtshalber las ich die Deutung erst mal still: Die Karte verhieß u. a. Sorgen, Grübelei, Pessimismus, Existenzangst, problematische Kommunikation („Für eine Prüfung total zutreffend", meinte mein Sohn, der mir über die Schulter sah). Und weiter: Die Situation sei festgefahren und spannungsgeladen. Eine aufklärende Kommunikation scheine unmöglich. „So wirkt alles noch düsterer, noch ausgeloser ... Alles zerrinnt ... Man scheint dazu verurteilt zu sein, dem Zerfall hilflos zuschauen zu müssen."

So trostlos ging es weiter. Nichts für Katrin, denn sehr leicht kann sie daraus ableiten, daß es um das Examen „schlecht bestellt sei".

Ein Gefahrenfaktor ist hier abermals das Phänomen der selbsterfüllenden Prophezeiung (S. 41). Zu leicht könnte

Katrin glauben, alles habe ja keinen Sinn – in einer solch schlechten Phase könne sie das Examen ja gar nicht schaffen. Und dann setzt sie sich selbst schachmatt.

Statt mit Katrin weiter über Tarot und seine Prophezeiung nachzudenken, haben wir mit ihr lieber Tee getrunken, uns ihre Ängste berichten lassen, ihre Sorgen besprochen, und – vor allem – ihr kräftig Mut zugesprochen.

Übrigens: Katrin hat ihr Examen inzwischen gut bestanden.

Wenn ich Tarot etwas ausführlicher behandelt habe als einige andere Praktiken, so ist das nicht ohne Absicht geschehen. Der Umgang mit Tarot ist sehr verbreitet. Dabei handelt es sich zum größeren Teil um Experimente, die aus Neugier veranstaltet werden, zum geringeren Teil um ernsthafte und fortgesetzte Beschäftigung mit den Karten. Dies betrifft sowohl Jugendliche als auch Erwachsene. Durch die Beratung sind uns Frauen bekannt, die sich morgens vor oder nach dem Frühstück erst einmal die Karten legen, um zu sehen, ob es sich überhaupt lohnt, in den Tag zu gehen.

Zum Schluß noch drei Bemerkungen:

- Der private Umgang mit Tarot scheint mehr Frauensache zu sein. Mir ist noch nie in der Beratung oder anderswo ein Junge oder Mann begegnet, der Tarotkarten bei sich getragen hätte.
- Wenn Männer Tarot benutzen, dann professionell bzw. kommerziell, dann muß „der Rubel rollen".

Und eine weitere aus der Beratung stammende Beobachtung:

- Immer wieder hören wir, daß der Einstieg in okkulte Praktiken über Tarot zustande gekommen ist. Es scheint erstmals dadurch die Kenntnis von vermeintlich übersinnlichen und übernatürlichen Kontakten oder Möglichkeiten erlebt worden zu sein. Weiteres Wissen-Wollen bzw. der Wunsch nach stärkeren Erfahrungen kann den Weg in eine Okkultkarriere ebnen.

Viele Beispiele sind dazu vorhanden. Man findet entsprechende Anzeigen in Stadtteilzeitungen und Frauenillustrierten. (siehe Abbildung auf S. 60).

In letzter Zeit ist wieder das Wahrsage-Spiel mit den Runen entdeckt worden. Runen sind die ältesten Schrift- oder Symbolzeichen der alten Germanen. Nach der Sage soll sie Odin erfunden haben. Okkultisten „sagen den Runen übernatürliche Kräfte nach, die allerdings wohl mehr aus dem Ritual, mit dem man die Runen umgibt, stammen als von ihnen selbst.[24]

Käuflich sind heute in den Esoterikläden künstlich hergestellte Steine mit aufgearbeiteten Schriftzeichen, verpackt zu je 25 Stück, handtaschengerecht im Samtsäckchen, mit Anleitungsbuch für Gebrauch und Interpretation. In der Anleitung steht erklärend: Dieses Buch will die Runen als antikes Orakel wieder einführen. Früher wurden die Runen auch für magische Zwecke benutzt, z. B. zur Beeinflussung des Wetters, zur Aufhebung eines Fluches oder für Geburt und Tod oder auch, um Fruchtbarkeit zu beeinflussen.

Runen werden heute hauptsächlich zum Befragen des Orakels verwendet.

... „Wenn sich der Alltag übermächtig aufdrängt, können Sie die Runen jederzeit auch ohne einleitende Formalitäten befragen. ... Wenn eine Krise aufkommt und Sie Grund haben, sich ohne Verzögerung an Ihr Höheres Selbst zu wenden, dann konzentrieren Sie sich im Geiste klar auf die Sache, greifen Sie in den Runenbeutel, nehmen Sie mit den Steinen Kontakt auf und ziehen Sie einen davon heraus."[25]

Eva hat dies ausprobiert: Sie wollte wissen: „Soll ich mit Stefan gehen?" Sie zog die Rune KANO, die „Öffnung, Feuer, Fackel" bedeuten soll.

In der Deutung steht: „Dies ist die Rune der Öffnung, der neuen Klarheit, der Vertreibung der Dunkelheit, die einen Teil Ihres Lebens verschleiert hat. Jetzt sind Sie frei, die Freude des ungebundenen Gebens zu erfahren und kennenzulernen. Kano ist die Rune für den Morgen voll Aktivität, für Ernsthaftigkeit, Klarheit und Konzentration, was alles wichtig ist, wenn man sich ans Werk macht. Diese Rune bietet ihren Schutz an; je mehr Sie haben, desto besser können Sie sehen, was in Ihren Einstellungen nebensächlich und veraltet ist. In zwischenmenschlichen Beziehungen kann es nun ein gegenseitiges Öffnen geben."

Ja, was hat Eva daraus wohl erkannt?

Lassen wir dies im Ungewissen. Allerdings sollten wir schon darüber nachdenken, warum Eva die Runen nötig hatte.

Warum war sie so unsicher, ob sie mit Stefan „gehen" soll? Welche Signale in ihrem Innern, die anscheinend Zweifel bereiteten, versuchte sie mit der Entscheidung durch die Runen zu verdrängen?

Oder hatte sie ganz einfach niemanden, mit dem sie einmal richtig darüber reden konnte? Wo waren *wir?*

7 Astrologie

Eine weitere der – wie die Parapsychologen sagen – nicht anerkannten Deute- und Beratungspraktiken und – wie andere sagen – eine der am meisten verbreiteten okkulten Praktiken ist Astrologie.

Seit Jahrtausenden wird darüber gerätselt, welchen Einfluß die Sterne auf unser Leben und unser Schicksal haben. Ich habe gelesen, daß 30 bis 60 Prozent der Bevölkerung nach einer Meinungsumfrage mehr oder weniger daran glauben, der Rest sind Skeptiker und Gegner dieser Auffassung. Eine Umfrage des Sekten-Info bei Jugendlichen (1988/1989) hat bei der Frage, ob sie an eine Horoskopdeutung glauben würden, den positiven Befund von 45,1 Prozent (davon ernsthafte und intensive Beschäftigung mit Horoskopen immerhin 21 Prozent) ergeben.

Wenn man nur wüßte, was dran ist! Oder liegt vielleicht gerade im Ungewissen der Reiz?

Beim Aufschlagen der Tageszeitung jedenfalls schaut man erst einmal nach, was das Horoskop sagt. Ist es günstig, glaubt man an die Prognose; andererseits tröstet man sich mit der Vermutung, daß eh alles nur „Quatsch" sei.

Ein Bekannter rief gestern an. Wir unterhielten uns über meine Arbeit, worauf er (Waage) mitteilte, daß bei ihm heute im Horoskop der Satz stünde: „Eine unstillbare Sehnsucht erfüllt Sie." Ich konnte es mir nicht verkneifen: „Mich auch – und ich bin Schütze." Auf diese Bemerkung hin war er regelrecht beleidigt, denn bei dieser Aussage des Horoskops „sei bei ihm *jeder Buchstabe wahr"*.

Ich war ja auch nicht belustigt darüber, daß er im Horoskop seine Sehnsucht bestätigt gefunden hatte, sondern darüber, wie einfach wir „funktionieren". Eine allgemeine Aussage, ein Allgemeinplatz, und 99 Prozent der Menschheit fühlt sich angesprochen.

Das dürfte auch das Erfolgsrezept der „Vulgärastrologie" sein, die sich bereits fertiger Tabellen bedient, welche angeblich aufgrund von Berechnungen der „höheren Astrologie" erstellt wurden, denn – zum Beispiel meines Bekannten zurück – kennen Sie jemanden, der keine Sehnsucht nach irgend etwas hat? „Unstillbare Sehnsucht" – das kommt vielleicht etwas weniger häufig vor. Aber auch oft genug.

Ich habe die Horoskope ein und desselben Sternzeichens aus verschiedenen Zeitungen und Zeitschriften einer bestimmten Woche gesammelt; dabei kamen äußerst unterschiedliche Empfehlungen heraus (siehe Seite 64).

Wir lesen:
Berufliche Pläne verwirklichen. Beruf steht hinter Liebe zurück.
Neue Kontakte müssen kritisch überprüft werden.
Geld allein macht nicht glücklich.
Versäumnisse gutmachen.
Aufgaben sehr gewissenhaft erledigen.
Verträge genau lesen.
Reisen bringt Spaß.
Gute Idee löst alle Probleme.
Neue Dinge begeistern.
Nicht übervorteilen lassen.
Reizbarkeit kontrollieren.

Das Wochen-Horoskop

SCHÜTZE (23. 11.–21. 12.)

Es liegt in Ihrer Natur, daß Sie sich schnell für neue Dinge begeistern. Doch sollten Sie auch die wirtschaftliche Seite beachten und Anschaffungen, die nicht wirklich wichtig sind, noch etwas zurückstellen. Arbeitsmäßig können Sie anderen zeigen, was durch Freude an der Leistung alles zustande kommen kann. Um Neigene Entwicklung liegt Ihnen mehr am Herzen. Machen Sie weiter so!

SCHÜTZE
23. 11. bis 21. 12.
Die romantische Zeit hält an. Sie haben es in der Hand, Ihren Gefühlen Taten folgen zu lassen. Ihr Partner wartet darauf. Beruf und alle anderen Verpflichtungen stehen hinter den Entwicklungen in der Liebe zurück. **Bester Tag:** Montag.

Schütze
23. 11.–22. 12.
Gegen Ihre innere Nervosität arbeiten Sie am besten dadurch an, daß Sie bestimmte Aufgaben so gewissenhaft wie nur möglich erledigen. Das entlastet Ihre Seele von bohrenden Zweifeln und veranlaßt andere, die Kasse zu öffnen. In der Liebe erweist sich der Sonntag als Magier, der aus kleinstem Anlaß größte Freude zaubert. In der kommenden Woche nicht überteilen lassen.

Schütze
22. 11.–21. 12.
Ihre Glückssträhne hält bis zum Mittwoch an. Nutzen Sie darum die Tage, Ihre beruflichen Pläne zu verwirklichen. Machen Sie feste Termine, um in Ruhe Ihre Änderungswünsche und Gehaltsvorstellungen vorzutragen. Verträge aufmerksam lesen – dann verspekulieren Sie sich auch nicht bei risikoreichen Geschäften. Junggesellen haben Freitag die große Chance, eine Partnerin fürs Leben zu finden – sie ist allerdings noch in festen Händen. Ledige Frauen sollten sich mit ihren Gefühlsausbrüchen zurückhalten. Harmonische Verbindungen bleiben ausgeglichen. Ihre Gesundheit bleibt stabil.

Schütze (23. 11.–21. 12.)

23. 11.–2. 12.: Viele Kontakte, wenig Vergnügen. Nur auf Reisen gibt es mehr Spaß, das Neue reizt **3.–12. 12.:** Verbinden Sie das Angenehme mit dem Nützlichen. Mancher Kontakt ist geschäftlich nicht uninteressant. Einladungen sind ein voller Erfolg. **13.–21. 12.:** Ihre Reaktionsfähigkeit ist gut, so daß Sie Angriffen die Spitze nehmen können. Weichen Sie den Konfrontationen also nicht länger aus, sondern stellen Sie sich.

Schütze
23. 11. bis 21. 12.
Eine gute Idee löst hundert andere Problemchen. Wie gut, daß Ihnen zumindest im Moment die guten Ideen nicht ausgehen. Beruflich drängen sich neue Kontakte auf, die jedoch kritisch überprüft werden sollten. Hier gilt die gleiche Erkenntnis, die auch auf anderen Gebieten gilt: Geld allein macht nicht glücklich. Auch das Drum und Dran muß stimmen. Am Wochenende hat der Partner eine hübsche Überraschung für Sie. Gezielte Gymnastik hält Sie beweglich. Sie können ein Versäumnis endlich wiedergutmachen. Strengen Sie Ihre Fantasie mehr an. Sie haben allen Grund, das Leben lebenswert zu finden.

Schütze 23. 11. – 21. 12.

Halten Sie in diesen Tagen unbedingt Ihre Reizbarkeit unter Kontrolle, sonst kann es leicht zu gravierenden Fehleinschätzungen oder gar Auseinandersetzungen kommen. Bleiben Sie in allem schön auf dem Teppich! Ihre Glückszahlen sind: 6, 17, 19, 30

Harmonische Verbindungen bleiben ausgeglichen.
Partner wartet auf Taten.
Das Leben ist lebenswert.
Gezielte Gymnastik hält beweglich.
usw.

Wir entdecken:
Es gibt keinen Bereich (z. B. Liebe, Beruf), in dem diese
Horoskope in ihrer Aussage übereinstimmen.
Es handelt sich um viele allgemeine Ratschläge, die sowieso
jeder befolgen sollte, die aber nichts über bestimmte Personen
aussagen.
Meist sind es allgemein formulierte Aussagen, die jeder Mensch
für sich in Anspruch nehmen kann.
Manche Aussagen sind sprachlich so ungenau, daß nicht zu
erkennen ist, ob sie positiv oder negativ gemeint sind.
Neben dieser „Vulgärastrologie" gibt es die *„Astrologie des
günstigen Augenblicks"*. Sie ermittelt für ein bestimmtes
Vorhaben den vorteilhaftesten Sternenstand und leitet daraus
Vorhersagen ab.
Der Glaube an die Astrologie ist bedenklich und hält einer
Prüfung nicht stand. Vielmehr wird die Astrologie von Wissen-
schaftlern mit folgenden Argumenten als „grundfalsch" be-
zeichnet [26]:

a) Die Sterne stehen im Kosmos heute nicht mehr dort, wohin
   sie die Astrologen vor zweitausend Jahren plaziert haben.
b) Die Häuserlehre der Astrologie stellt eine willkürliche und
   nicht begründbare Aufteilung des von der Erde aus zu übersehenden und des nicht zu übersehenden Sternenhimmels
   dar.
c) Nur zehn „Planeten" (darunter auch Sonne und Mond) und
   die Sterne der Tierkreiszeichen haben Gültigkeit. Die meisten Sterne des Himmels haben keine Bedeutung. Warum
   nicht?
d) Die Zuweisung bestimmter Charaktereigenschaften zu den
   Tierkreiszeichen ist willkürlich geschehen.

In der Astrologie gelten z. B. „Stiermenschen" als zähe Nütz-lichkeitsmenschen mit großem Familiensinn, Robespierre, Kant, Hitler waren „Stiere", „Waagemenschen" haben ein starkes Gerechtigkeitsgefühl, aber keine Tatkraft (Hindenburg, Foch, Himmler!).

e) Müßte nicht der Zeitpunkt der Befruchtung entscheidender sein, als der Zeitpunkt der Geburt? Die Genetik wird durch die Astrologie einfach nicht beachtet.

f) Die Zwillingsforschung könnte zu weiteren Gegenbeweisen herangezogen werden.

g) Empirische Untersuchungen haben keinen Beweis erbracht, daß sich bei den einzelnen Tierkreiszeichen eine Häufung von Künstlern, Sportlern u. a. zeigt.

h) Für die Südhalbkugel müßte eine andere Art von Astrologie gelten, da dort andere Sterne am Himmel stehen bzw. sichtbar sind.

Viele andere Fragen und Ungereimtheiten ergeben sich für uns beim Nachdenken. Nicht zuletzt muß beachtet werden, daß ca. 240 Menschen auf der Erde exakt das gleiche Geburtshoroskop haben. Eigentlich müßte ja dann ihr Lebensweg, ihr Charakter identisch sein.

Alle Genies – alle Kriminelle ...

Sehr treffend heißt es in dem Werk „Der moderne Okkultismus" von Prokop/Wimmer[27]: „Wenn astrologische Horoskope überhaupt einen Zweck haben sollen, dann doch wohl nur den, daß der Betreffende einen Nutzen daraus ziehen kann – wenn er sich ein solches Horoskop anfertigen läßt. Astrologen, Astraltelepathen und Leute, die sich ,Kosmobiologen' nennen, versprechen auch den Nutzen eines solchen ,Gutachtens'. Es enthält aber nur törichte, bestenfalls ,intuitiv' der Persönlichkeit angepaßte (,*fishing*') Aussagen, etwa wie es auch bei Kartenschlägerinnen der Fall ist. Doch daß der wissenschaftliche Wert gleich null ist – dieses Wissen ist heute auch einem Laien zumutbar." Die oben genannten Einwände sind jedem logisch denkenden Menschen nachvollziehbar. Bei all diesen Überlegungen wird mir etwas flau, wenn ich bedenke, daß es Politiker geben soll, die ihre Entscheidungen nach astrologischer Beratung treffen, oder Firmen bei Personaleinstellungen z. B. den Aszendenten (= das Tierkreiszeichen, das zum Zeitpunkt der Geburt am Geburtsort aufgegangen ist) des Bewerbers in die Waagschale werfen.

Ich schließe mich der Meinung der Wissenschaft an, daß die Astrologie und ihre Horoskopdeutungen in den Bereich zu verweisen sind, in den sie gehören: den Aberglauben!

8 Handlesen

Dabei muß man zwei Praktiken unterscheiden, nämlich einmal die *Chirologie* und die *Chiromantie.*

Die Chirologie deutet aus der Handform und der Innenhand den Charakter; die Chiromantie bedeutet die Weissagung des Schicksals aus der Hand.

Handlesen, lange bekannt vom Jahrmarkt oder von Wahrsagern an der Wohnungstür, ist im Zuge der Okkultwelle in unsere Wohnzimmer eingedrungen. Animiert durch Regenbogenpresse und Frauenzeitschriften befaßt man sich damit in der großen Pause und beim Kaffeeklatsch.

Dabei muß man genau unterscheiden:

Charakterdeutung aus der Handform kann nicht als Okkultpraktik bezeichnet werden.

Feingliedrige Hände, schlanke Hände, kräftige Hände oder die Art des Händedrucks (warm oder kühl, schlaff oder angenehm fest ...) geben uns mit Sicherheit Hinweise und lassen Rückschlüsse auf den Charakter eines Menschen oder auf die Situation beziehungsweise sein Befinden zu.

Die *Zukunftsvorhersage per Innenhand-Linien*, womit oft spaßeshalber im Freundeskreis (vielleicht als Silvestergag) gespielt wird, muß nicht zwangsläufig ernsthaften Schaden anrichten; dies ist aber, wenn der Vorhersage Bedeutung gegeben wird (selbsterfüllende Prophezeiung!) durchaus möglich. Verstärkt allerdings ist Gefahr angezeigt bei dem professionellen Angebot der Wahrsager/innen usw.

9 Wahrsagen

Im „Lexikon des Geheimwissens" findet sich zum Stichwort
„Wahrsagen":

„Die volkstümliche Umschreibung für Schicksalserkundung
durch Kartenlegen, Handlinienlesen usw. Die Vorstellung der
Laien, daß Okkultismus oder Esoterik sich mit Wahrsagerei
befassen, ist völlig unzutreffend. Wahrsagerei im volkstümli-
chen Sinne ist entweder Aberglaube oder dient zur Unterhaltung ...“[28]
Mir fällt dazu noch etwas ein: der Profit.

Schauen wir uns den Berufsstand der Wahrsager und Zu-
kunftsdeuter etwas näher an, sehen wir, daß sich das Berufs-
bild dieser Zunft in den letzten Jahren sehr erweitert hat. War
es früher im wesentlichen das Angebot der Deutung von
Situationen und der Vorhersage künftiger Ereignisse, so wird
heute Hilfe in jeder Problemlage angeboten.

Die entsprechenden Anzeigen in den Tageszeitungen, im
Anzeigenblättchen, in der sogenannten Regenbogenpresse
bieten folgende Angebote:

Wahrsagerin... anerkannt durch TV, Rundfunk
und Presse. Seit Generationen bekannt. Haben Sie
Probleme mit Ihrem Partner? Ich regle es für Sie.
Geschäftlich und privat, Vergangenheit, Gegenwart und Zukunft. Das einzig echte, ehrliche Wahrsagen. Sehen ohne Hilfsmittel (auch schriftlich).
Tel.: ...

Ihre Zukunft - der Wegwei-
ser d. Tarot ist mehr als eine
Lebensber. bei Problemen
in Ehe, Fam., Beruf. Tel.: ...

Indische Wahrsagerin... Ihre
Leben in der Hand. Bekannt
durch Presse. Lebens- & Geschäftsberatung. Tel.: ...

Sie sehen, sogar Geschäftsberatung wird angeboten. Klar, bessere Geschäfte bringen mehr Geld – auch für den Wahrsager. Eines Tages erhielt ich Post von einer Madame *Daudé* aus Zürich. Sie schrieb:

„Sehr geehrte Frau Cammans,
ich habe von Ihnen gehört. Und ich bin sehr an Ihnen interessiert. Ihr Geburtsdatum, Frau Cammans, hat mich als Astrologe und Zukunftsmacher sofort interessiert, und als ich meine Chart-Information über Sie angeschaut hatte, habe ich etwas Wundervolles herausgefunden.
Sie sind dabei, das zu betreten, was die „Goldene Welle" Ihres Lebens genannt wurde ... Sie haben Gelegenheit, riesige Geldbeträge auf Ihren Weg zu leiten ... Liebe zu wecken und anzulocken. Alles Glück zu finden, alle Freunde, die Sie jemals brauchen werden ...
Ich begreife, daß Sie mich nicht kennen. Aber ich bin dazu gekommen, Sie zu kennen und zu lieben."

Und was empfiehlt mir Madame Daudé, um meine „Goldene Welle" zu nutzen?
Ich muß den Text des folgenden Dokumentes (gekürzt) unterschreiben:

„Sehr persönlich. Sie müssen dieses Formular EID ZUR GEHEIMHALTUNG ausfüllen und sofort an Madame Daudé zurückschicken.

Ich füge DM/sfr 69,– oder Scheck (ausgestellt auf Madame Daudé) bei.

Ich schwöre, daß ich keiner Menschenseele (nicht einmal meiner Familie) Ihre „Goldene Welle"-Enthüllungen preisgeben werde, die Sie mir anvertrauen werden.

(Unterschrift)"

Also: Schwören und bezahlen. Genial! Wie oft erhält Frau „Daudé" wohl täglich DM 69,–?
Was bekomme ich dafür von Frau Daudé?

„1. Mein Versprechen, daß Sie reich sein werden: Während Ihrer *Goldenen Welle*"-Periode werden Sie enorme Geldmengen an sich ziehen. (Unglücklicherweise wird dies aber abrupt wieder aufhören, wenn Ihre Welle endet.)
2. Mein Versprechen, daß Sie lieben und wiedergeliebt sein werden:
Sie werden die Herzen derjenigen gewinnen, die Sie begehren ... sowie Sie in Ihrer „Goldenen Welle" angekommen sein werden. (Wenn Sie damit während Ihrer Welle beginnen, wird es sich anschließend fortsetzen.)
3. Mein Versprechen, daß Sie glücklich sein werden:
Sie werden in ein Leben der Freude und Zufriedenheit hineingezogen werden. Ein Leben, wo großes Glück Sie Tag um Tag um Tag begrüßen wird."

Das Angebot der Dame hat mich nicht verlockt.

Vor ein paar Tagen erhielt ich nun erneut Post aus Zürich von „Madame Daudet persönlich", haargenau der gleiche Brief, nur sieht die Dame, die sich jetzt Daudet schreibt, vollständig anders aus: gleicher Text – anderes Bild.
Und noch ein weiteres Beispiel für Fernhilfe:
„HANUSSEN – weltberühmter Hellseher und Lebensberater", wie es wörtlich in seiner eigenen Werbung heißt, verspricht:
„Er ist heute nicht nur Hellseher – nein, er ist heute vor allem Lebensberater ... für alle da, Tag für Tag, Nacht für Nacht, Stunde für Stunde. Jetzt ist er auch für Sie da, wann immer Sie ihn rufen!"
Und wie komme ich zu dieser Gnade der „Hanussen-Gemeinschaft Glückliche Welt"?
Ich lese eine Annonce, schreibe, bekomme umfangreiche Post mit dem Vermerk „Vertraulich" und der persönlichen Mit-

teilung am mich: „Ich habe mich dazu entschlossen, dich in meine Gemeinschaft aufzunehmen!"

Und weiter: „Du wirst ab sofort erkennen, daß dein Leben voller Sinn ist ... Und daß auf dich noch Dinge warten, die deine Probleme *wie in Nichts* auflösen. Die dich aber auch *reich, sorgenlos und restlos zufrieden machen.*" Und mit roter Schrift: „Plötzlich wirst du bei allen anderen Menschen beliebt sein ... plötzlich wirst du das Positive wie ein Magnet anziehen ... plötzlich wirst du im Mittelpunkt schöner Ereignisse stehen."

Bei Einsendung einer Erklärung und des Honorars von DM 100,– erhalte ich dann u.a. meinen Mitgliedsausweis, die spezielle gerahmte Fotografie von HANUSSEN, drei wertvolle kosmische Gefäße und eine große Anzahl von Wunschzetteln für Körper, Geist und Seele. Weiter kreuze ich an, wann ich mit Hanussen geistig zusammen sein möchte.

Und das ist erst der Anfang! Finanziell geht es in der Folgezeit auf jeden Fall für Hanussen bergauf:

Seine weiteren Angebote:

– für DM 364,– der magische Meditationsring; für 777 Menschen Verheißung an Glück – Geld – Gesundheit;
– die nicht übertragbare Hanussen-Telepathie-Marke (30 Tage zur Probe) für DM 244,–, damit Hanussen „endlich auch zu mir kommt", wie es in der Werbung heißt.

Wie wir bei Frau Daudet/Daudé und Hanussen sehen, wird mit Verheißungen nur so um sich geworfen. Irgendeine Verlockung paßt für jeden. Und in beiden Fällen scheint es möglich zu sein, einmal versuchsweise anzubeißen. Ich habe es nicht durchgespielt (weil ich keinen Pfennig darin investieren möchte). Vor allem im Fall Hanussen ist für den „Gläubigen" neben den finanziellen Verlusten eine weitaus größere Gefahr gegeben. Wer von den hellseherischen Fähigkeiten dieses Mannes überzeugt ist, kann sehr schnell die angebliche geistige Kontaktaufnahme so real erleben, daß sie dauerhaft gespürt wird und man sich nun sogar ferngesteuert fühlt. Hilferufe in unserer Einrichtung bestätigen dies.

Nicht weniger zu warnen ist vor dem Besuch bei einem Wahrsager oder Hellseher(-in). Dringend rate ich davon ab, dies auch nur im Spaß zu tun. Unsere Psyche ist sehr empfindsam, so leicht zu beeindrucken, daß allzu schnell Unbefangenheit und innere Freiheit verlorengehen können. Angst ist die Folge, aber das liegt ja in der Absicht dieser „medialen Helfer". Angst schränkt das Urteilsvermögen ein, Angst schreit nach Hilfe!

An einem Beispiel möchte ich dies verdeutlichen. Durch einen Beratungsfall bekamen wir von einer Annonce mit folgendem Wortlaut Kenntnis:

> „Wahrsagerin, präzises Handlesen u. Kartenlegen. Magische Heilbäder, schlank durch mediale Beeinflussung. Geistheilung und Partnerzusammenführung durch Magie."

Meiner Klientin, die auf dieses Angebot eingegangen war, wurde zum Zweck der Partnerzusammenführung für 4000,– DM eine „Ferntötung" angeboten. Da meine Klientin aus verständlichen Gründen keine Anzeige erstatten konnte, wollte ich mir ebenfalls ein solches Angebot machen lassen, um dann die Kripo einzuschalten. Ich bat eine Freundin mitzukommen. Wir trafen auf ein normales Stadthaus gleich neben dem Amtsgericht einer Ruhrgebietsstadt, auf den Schildern nebenan waren die Namen von Rechtsanwälten und Zahnärzten zu finden ...
Beim Betreten der Räume strömte uns Räucherstäbchenduft entgegen. Ein junger Mann – der wohl gerade bedient worden war – huschte an uns vorbei. Im Salon der Dame, ich nenne sie Frau X, fühlten wir uns nicht wohl; es war düster, schmuddelig; überall standen neben Okkultgegenständen sakrale Gegenstände und große Marienfiguren.
Mein Fall war durch meine Freundin schon telefonisch angesagt worden. Ich – verheiratet, junger Freund, alles ausweglos – brauchte eine Partnerzusammenführung mit eben diesem

Freund. Nachdem Frau X mich bei der Begrüßung, wie es mir schien, auf finanzielle Ergiebigkeit taxiert hatte, mußte ich noch einige Daten sagen: Alter, Kinder, Beruf, Sternzeichen ... Natürlich gab ich alles etwas verändert an, wollte ich doch auf keinen Fall meine Identität preisgeben; erstens, um auf jeden Fall keine Spur zu hinterlassen, dann aber auch, um zu testen, ob Frau X möglicherweise doch irgendeine Begabung hellsichtiger Art hätte.

Und so lief es:

Nachdem Frau X für mich die Karten gelegt hatte, riet sie mir: „Bleiben Sie bei Ihrem Mann. Ich sehe, er läßt Sie nicht gehen. Der junge Mann ist nur für kurze Zeit da, dann sucht er sich eine Jüngere. Eine Frau in Ihren Verhältnissen gibt so eine Ehe nicht auf." Ich fand das zwar einen sehr guten Ratschlag, doch ich wollte ja ein bestimmtes Angebot. Also stammelte ich von der großen Liebe meines Freundes und bat sie, doch nochmals in die Karten zu sehen. Beim Tarot erkannte sie daraufhin prompt, daß mein junger Freund doch sehr treu sei. Sie machte mir den Vorschlag: Für 800,– DM könne sie meinem Mann per Magie eine Freundin besorgen. Das habe ja zur Folge, daß er sein Interesse an mir verliere und ich frei würde. Damit konnte ich zwar keine Anzeige bei der Kripo erstatten, doch die Arbeitsweise dieser Branche wird sehr deutlich.

Ich versprach ihr, diese Lösung zu bedenken, und holte aus ihr noch allerhand Information heraus, z. B. über ihre magischen Heilbäder. Das Angebot richte sich vor allem an junge Männer, am besten Ausländer, Jugoslawen, Türken oder Griechen, die bei uns starke Kreislaufbeschwerden hätten. Mit Kräutern koche sie einen Sud. Der Heilungsbedürftige bade dann das erste Mal in ihrer Wanne, sie gieße zum Badewasser etwas von dem Sud und gebe ihm anschließend die Essenz mit nach Hause. Immer dann, bevor der „Patient" zu Hause in die Wanne steigt, habe er bei ihr anzurufen und Bescheid zu sagen, worauf sie per Telepathie ihre ganze Magie zu ihm schicke, Kosten: 400,– DM.

Nach den Marienfiguren befragt, die überall auffällig herumstanden, sagte sie: Nein, ich gehöre keiner Kirche an, keiner

Religion, doch die – sie deutete auf Maria – ist doch eine tolle Frau. Die hilft mir bei meiner Magie.

Meine Warnung vor solchen Besuchen möchte ich noch mit einem weiteren Hinweis begründen: Frau X hatte mir ganz zu Anfang der Sitzung geweissagt, daß ein Freund unserer Tochter sehr schwer erkranken oder verunglücken und anschließend behindert sein würde. Zwar habe ich keine Tochter, und einen entsprechenden Freund kann es folglich nicht geben. Frau X hat mich mit der Prophezeiung aber bei einer Grundangst angesprochen, einer Grundangst wohl aller Eltern, einem ihrer Kinder könne etwas zustoßen. Schrecken und Unheilserwartungen können die künftige Zeit beeinträchtigen und manche sorgenvolle Stunde bereiten. Hier wird die seelische Beeinflussung durch den Wahrsager deutlich.

Darüber hinaus können Folgen der Wahrsagerei sein (nach Pfarrer Haack)[29]:

a) Beruhigung – bei guter Voraussage, wie beispielsweise einem guten Krankheitsverlauf etc. Doch diese Beruhigung kann auch gefährlich sein, wenn jemand aufgrund falscher „Voraussagen" Vorsorge unterläßt – z. B. im Gesundheitsbereich.

b) Fehlbehandlungen – man bereitet sich auf eine zwar vorausgesagte, nicht aber wirklich eintreffende Lage vor.

c) Unterlassungen – beispielsweise der Fall, in dem jemand keine Versicherung abgeschlossen hat, weil ihm vorausgesagt wurde, in dem betreffenden Anwesen werde nie ein Unglück geschehen.

d) Zerwürfnis – da vorausgesagt wurde, mit einer bestimmten Person werde es Schwierigkeiten geben.

e) Abhängigkeit – die Beratung durch den Wahrsager bringt den Klienten bald in ein Abhängigkeitsverhältnis. Der „Wissende" erhält eine regelrechte Entscheidungsbefugnis über das Leben seiner Klienten.

Haack faßt zusammen: „Grundsätzlich gibt es keine Zukunftsvoraussage. Sogenannte ‚Beweise' sind häufig Werbebehauptungen von Hellsehern oder Wahrsagern."

Gearbeitet wird mit der Vieldeutigkeit von Aussagen, dem

Aushorchen des Klienten und Informationsbeschaffung durch eingeweihte Helfer.

Thesenartig läßt sich zusammenfassen[30]:

1. Wahrsager sind meist gute Menschenkenner und scharfe Beobachter. Sie wissen genau, warum welche Menschen zu ihnen kommen und was sie hören wollen. Einige vage Voraussagen in Richtung der Hoffnungen ihrer Kunden stellen diese meist rasch zufrieden.
2. Einige Ereignisse können einfach erraten werden. Die Prophezeiungen sind meist so allgemein und unverbindlich, daß die Trefferwahrscheinlichkeit relativ hoch ist. Je vager die Voraussage, desto eher erfüllt sie sich.
3. Einige Voraussagen erfüllen sich zumindest teilweise, gleichgültig, wie die Sache ausgeht.
4. Die Voraussagen sind häufig zweideutig, so daß nötigenfalls auch das Eintreffen des Gegenteils als Treffer interpretiert werden kann.
5. Die wenigen Treffer werden besonders hervorgehoben und als Beweis für echte PSI-Fähigkeiten hingestellt, während die weitaus zahlreicheren negativen Fälle unter den Tisch gekehrt werden.
6. Viele Ereignisse (z. B. politische oder wirtschaftliche) lassen sich auf der Basis guten Wissens über die augenblickliche Situation und durch die Einschätzung der wahrscheinlichsten künftigen Tendenzen vorhersagen.
7. Manche Prophezeiungen erfüllen sich durch Selbstverwirklichung (self-fulfilling prophecy), d. h. wer fest etwas erwartet, wird die Wirklichkeit daraufhin beobachten und alle Ereignisse in Richtung der Prophezeiungen deuten.
8. Bei Toto, Lotto und im Spielcasino gibt es durch Wahrsager keine Voraussagen.
9. Simultanes Hellsehen, Wahrträume: Menschen, die Angst um einen lieben anderen Menschen haben, können ein Unglück, das diesen betrifft, plötzlich vor Augen haben, weil sich die Phantasie dauernd damit beschäftigt. Im nachhinein wird dann oft (unbewußt) verfälscht.

Ich gehe davon aus, daß ein Wahrsager/Magier, der Ferntötung anbietet, nicht nur gegen guten Geschmack verstößt und Gut-Gläubige ausnimmt, sondern als kriminell zu betrachten ist (zumindest im Sinne von Betrug). (Weiteres zum Thema Ferntötung S. 119ff).

II Die Suche nach besonderem Kontakt: Spiritismus

Auf unserer Erkundungsfahrt durch die Okkultlandschaft unserer Zeit sind wir nun schon ein Stück herumgekommen, haben hier oder dort etwas genauer besehen, Grundsätzliches kennengelernt, waren vielleicht manchmal verwundert oder nicht einverstanden, auch mal ärgerlich oder erschrocken, haben unser Wissen ergänzt, Informationen gerundet und merken, wie sich zu einigen Punkten des Besprochenen langsam eine Meinung bildet.

Vor uns liegt nun ein riesiger Berg, einer der Hauptschauplätze der okkulten „Wunderlandschaft": Der *Spiritismus.* Es ist der Bereich, in dem der innere Antrieb, also das Motiv die *Suche* nach dem b*esonderen Kontakt* ist: Kontakt mit dem Geist der verstorbenen Lieben, Kontakt mit jenseitigen Wesen und Mächten, mit Geistern, Engeln, höheren Intelligenzen, Dämonen, Satan oder Luzifer.

Spiritisten glauben an zwei Welten, unsere Welt (das Diesseits) und die „andere Welt" (das Jenseits). Diese andere Welt ist die der Geister, aber auch die Welt Gottes.

Spiritismus ist kein Produkt unserer Tage. Seit Mitte des vergangenen Jahrhunderts gibt es Berichte über Ereignisse und Praktiken, zuerst aus den USA. Im Laufe der Geschichte kam es dann zu mehreren Blütezeiten, z. B. jeweils nach den beiden Weltkriegen.

Der „Schritt hinüber" kann dabei nach spiritistischem Verständnis auf zweierlei Weise getan werden:

1 Spiritismus mit Hilfe eines menschlichen Mediums

Unter Medien versteht man Vermittler, also Personen, mit deren Hilfe die Beziehung zwischen der sichtbaren und unsichtbaren Welt hergestellt wird.

Das Medium begibt sich in einen Trance- oder tranceartigen Zustand oder wird von einem anderen hineinversetzt. Trance (von lat. transitus = das Hinübergehen) meint einen Zustand, bei dem die Herrschaft des Willens über den Körper aufgehoben ist, z. B. in der Ekstase.

Das Medium befindet sich somit in einem veränderten Bewußtseins-Zustand und fungiert entweder als *Sprechmedium* (das mündlich die Botschaften aus dem Jenseits bekanntgibt) oder als *Schreibmedium* (das die Jenseits-Nachrichten aufschreibt).

Gesprochen wird dabei von „Durchgaben" oder „Kundgaben".

Eine modernere Form des Mediumismus ist das *Channeling* (engl. *channel* = Kanal). Während es beim klassischen Spiritismus hauptsächlich um den Kontakt mit den Seelen Verstorbener geht, wird beim Channeling häufig eine Verbindung zu höheren Intelligenzen gesucht, von denen man sich Beratung und Belehrung verspricht (vgl. *Rainer Kakuska*).

Eine nicht mehr gezielt eingesetzte Methode ist der „Schreibzwang", der nach spiritistischer Ansicht von außen (vom Jenseits) ausgeübt wird. Häufig ist diesem Schreibzwang regelmäßige und suchtartig praktizierte spiritistische Betätigung vorausgegangen. D. h. ein „medial" begabter Mensch bekommt (wie von außen gesteuert, überfallartig) Botschaften diktiert. Er kann nicht anders als schreiben, was oft verbunden ist mit dem Hören von Stimmen.

Um Sprech- oder Schreibmedien herum bilden sich häufig Gruppen oder religiöse Gemeinschaften. Eine der ältesten ist die „*Evangelisch-Johannische Kirche*" nach der Offenbarung St. Johannis, des Heilmagnetiseurs Josef Weißenberg (1855 – 1941).

Eine andere spiritistische Kirchengemeinschaft ist in Zürich die *„Geistige Loge"*, die 1948 um das Medium Beatrice Brunner entstanden ist und in ganz Europa Verbreitung gefunden hat.

Ein weiteres Beispiel aus jüngster Zeit ist die seit 1975 auftretende Organisation des *„Universellen Lebens"* (bis 1984 „Heimholungswerk Jesu Christi" genannt), eine spiritistische Neuoffenbarungsbewegung pseudochristlicher Art, gebildet nach dem Rezept: Man nehme etwas aus der christlichen Botschaft (hier: Bergpredigt, allerdings neu interpretiert), ein Stück Hinduismus (z. B. Karma- und Wiederverkörperungsglauben) und gebe dazu die live erlebbaren „Kundgaben" von Jesus Christus, Gott-Vater u.a., geoffenbart durch seine „lebende Prophetin der Jetztzeit", Frau Gabriele Wittek aus Würzburg, für die Anhänger: „Gabriele von Würzburg". Das „Universelle Leben" (UL) versteht sich als das gelebte Urchristentum unter der unmittelbaren Führung Christi durch sein prophetisches Wort.

Für UL-Gläubige gelten die Offenbarungen von Gabriele Wittek somit als direkte Anweisungen der höchsten Autoritäten.

„Das Universelle Leben mit seiner Mysterienschule stellt die fragwürdigste Form neu-spiritistischer Sektenbildung dar."[31]

In der „Inneren-Geist-Christus-Kirche", einem Eckpfeiler des „Universellen Lebens", gibt es auch eine „Prophetische Jugendkirche", in der Offenbarungen speziell für die Jugend von Jesus Christus oder einem seiner Engelwesen gegeben werden.[32]

Kaum zu begreifen ist die Tatsache, daß es eine solche Bewegung seit Mitte der Siebziger weltweit zu 100.000 Anhängern/Sympathisanten gebracht haben soll (vgl. *Mirbach* 1996, S. 25). Dies scheint ein Beweis dafür zu sein, daß Althergebrachtes, allerdings abseits der traditionellen Kirchen, verbrämt mit etwas Exotik plus Einfachanweisungen durch höchste Autoritäten (in den Offenbarungen spricht „Jesus Christus", „Gott-Vater" u. a.) der Bedürfnislage vieler Menschen entspricht.

Der „*Orden Fiat Lux*" mit der „Tieftrance-Mittlerin" Erika Bertschinger als Führerin ist ebenfalls typisch für neuoffenbarerische, mediumistische Glaubensrichtungen.[33]

Glauben und Lehre in dieser Bewegung sind entscheidend vom Selbstverständnis Frau Bertschingers bestimmt. Frau Bertschinger als Sprechorgan „Uriella" ist demnach Gottes „Sprachrohr". Glaubensbasis sind die in Tieftrance übermittelten Kundgaben. Frau Bertschinger garantiert den Originalton Gottes. Und: „Diese Sendungen (Uriellas) übertreffen das gesamte Bibelwissen und alle Weisheitsbücher der Erde", sagt die Bewegung (vgl. *Gasper/Müller/Valentin* 1990).

Nach eigenen Angaben dieser Gemeinschaft soll es derzeit 700 Ordensmitglieder geben, die einzeln oder in Gemeinschaften leben. Die Zahl der „Geistgeschwister" und Sympathisanten in aller Welt wird mit 70.000 angegeben.

Neben solchen, sich rasch in beachtlicher Größe formierenden spiritistischen Bewegungen, die zuweilen anhand eines perfekten Managements Werbung im großen Stil betreiben, gibt es unzählige kleine Gruppen und Grüppchen in Stadt und Land, die sich meist im privaten Raum um ein sog. Medium bilden. Kaum beobachtbar, da der Öffentlichkeit entzogen, kann es bei derartigen Zirkeln zu allerhand Auswüchsen kommen. Bedenklich ist bei solchen Zusammenschlüssen um ein Medium die Brisanz in bezug auf Endzeitverkündigung. Wie in jüngerer Zeit zu beobachten ist, werden von einigen Medien Botschaften von hochrangigen außerirdischen Intelligenzen (zum Beispiel Jesus Christus, Ashtar Sheran u.a.) über unmittelbar bevorstehende Katastrophen empfangen und gleichzeitig die Rettung durch Ufos versprochen. Da die Frage des Transfers auf die Raumschiffe nicht geklärt ist, der ja nur in feinstofflichem Zustand der zu Rettenden gelingen kann, ist die Gefahr von Massenselbsttötungen nicht auszuschließen.

In diesem Zusammenhang stellt sich die Frage nach der Echtheit der Medien.

In seinem Buch „Rendezvous mit dem Jenseits" (Nada-Edition 1, München, 2. Auflage 1986) warnt Pfarrer F. W. Haack (gestorben 1991) deutlich vor der Gläubigkeit, was Medien angeht. Nach seiner Meinung ist für gewöhnlich davon auszugehen, daß Menschen, die sich als Medien ausgeben und als solche teils verehrt oder auch gefürchtet werden, über *keine* übersinnlichen Kräfte verfügen. Ob sie das selbst wissen oder von eigenen Fähigkeiten überzeugt sind, ist unterschiedlich und für Außenstehende kaum nachprüfbar. Jedenfalls können solche „Medien" auf Menschen, die für Aberglauben anfällig sind, großen Einfluß ausüben und Wirkungen erzielen, die wiederum eine Bestätigung der medialen Begabung zu sein scheinen. Regelmäßig kommt es zur Entlarvung von Betrugsfällen.

Tatsächlich ist es uns unbenommen, das Thema Medium kritisch anzugehen und sich nicht leichtgläubig in den Bannkreis angeblich medial Begabter zu begeben. Vielleicht ist weniger die Frage nach der Echtheit eines Mediums von Bedeutung, sondern mehr die Wirkung, die es auf mich oder auf eine Gruppe hat. Daran ist die Qualität eines Mediums recht gut abzulesen. Es gilt, feinfühlig und sorgfältig darauf zu achten, daß äußere und innere Freiheit unangetastet bleibt.

Neben den Bewegungen, die sich um eine mediale Person bilden, gibt es Gruppen mit Ausrichtung auf eine bereits verstorbene Persönlichkeit. Mit besonderen, meist suggestiven Techniken und Ritualen wird mit diesem Geist Beziehung aufgenommen und seine Zuwendung erwartet.

Ein Beispiel dafür ist die Bewegung der *Bruno-Gröning-Freunde*. Jahrelang war es um den zu Lebzeiten sehr umstrittenen, 1959 verstorbenen sog. Wunderheiler Bruno Gröning still gewesen. Im Zuge des allgemeinen Okkultbooms kamen seine ehemaligen Anhänger wieder zum Vorschein. In 520 Gruppen sollen angeblich weltweit 27.000 Freunde (Zahlenangabe 1996) täglich den „Heilstrom" aufnehmen, der unsichtbar noch heute vom verstorbenen Bruno Gröning ausgehe. „Bruno heilt alles, auch Ihr Auto, das Haus und den Hund", sagte man mir unmißverständlich bei meiner Einführung in die Bewegung. Allerdings mußte ich zuvor sämtliche Belastungen meines bisherigen Lebens zu Papier geben (= beichten). Mit einem dicken Strich quer über das Papier wurde ich dann von all den Belastungen freigesprochen (Absolution) und durfte mich erstmals Bruno zuwenden, nämlich mich „einstellen". Dazu mußte ich mit Blick auf Brunos Bild eine kleine Stanniolkugel in die Handfläche legen und warten, bis der Heilstrom von Bruno durch die Kugel in mich ginge. Als bei mir nichts „ging", bekam ich auf reichlich suggestive Art die Empfehlung: „Sie müssen nur daran glauben!"

In einem speziell an die Jugendgemeinschaften der Bewegung gerichteten Schulungsbrief vom 7. 4. 1989 steht: „Bittet jeden Tag und auch jede Stunde Bruno! ... Mit Bruno Grönings Heilstrom, den ihr jeden Tag und auch jede Stunde empfangen könnt, bekommt ihr das Gefühl, wo Gefahr droht. Dann stellt euch sofort ein und erbittet die Hilfe durch Bruno Gröning, und das Böse kann euch keinen Fallstrick stellen. Bruno Gröning macht euch für immer den Weg frei für den Erfolg, für die Gesundheit, für den Frieden und für das Glück." Und an anderer Stelle: „Weil Bruno Gröning tatsächlich stärker ist als das Böse, deshalb kämpft er für uns den Kampf, und das Heil tritt wieder ein."[34]

Wo liegen die Gefahren?

– Krankheit wird als Folge einer Gottesferne und einer zu materialistischen Einstellung aufgefaßt. Wer krank wird, hat dem Bösen Einfluß gegeben. Es gilt, dem Bösen abzusagen und zu Gott zu kommen (allerdings nur mit Heilsmittler BRUNO). Krankheit bedeutet also eine Strafe Gottes.

– Durch Krankheit verursachte Schmerzen sind „Regelungen" (= Heilschmerzen, also ein Zeichen der Wirkung von BRUNO). Die medizinische Versorgung könnte vernachlässigt werden.

– Zweifel, jede Kritik sind gefährlich, da sie den Heilprozeß in Frage stellen. Eigenes Denken wird dadurch reduziert.

– Die Gruppe weist eine starke Binnenstruktur auf. Geschart um eine(n) charismatische(n) Leiter(in) bindet sie nach innen. Soziale Kontakte nach außen werden eingeschränkt bzw. eingestellt, wenn der andere nicht mitglaubt. In Beziehungen,

Partnerschaften, Ehen kommt es häufig zu Schwierigkeiten bis hin zum Abbruch.

- Eine erworbene Heilung (oder ein Besserfühlen) kann nach Ansicht der Gruppe nur aufrechterhalten werden, wenn häufiger Gruppenbesuch stattfindet bzw. die Regeln strikt eingehalten werden, wie:
- Nicht an die Krankheit zu denken, wenn ich Schmerzen spüre ...;
- mich nicht von zweifelnden Angehörigen verunsichern zu lassen ...

(Vgl. *Grete Häusler*, Bruno Gröning – Einführung in seine Lehre. [5]1991)

2 Spiritismus mit Hilfe von Gegenständen (Pendel – Planchette – Gläserrücken – Oui-ja-Brett – Tonbandstimmen)

Diese Art des Spiritismus ist viel einfacher zu handhaben, vor allem jederzeit im privaten Raum durchzuführen, daher unvergleichlich mehr verbreitet und bei Enkel und Großmutter gleichermaßen beliebt.

Bevor wir die einzelnen Praktiken betrachten, müssen wir die spiritistische Grundeinstellung bedenken.

Spiritisten glauben, daß die Geister ständig um uns sind und regelrecht darauf warten, mit uns in Kontakt zu kommen. Sie seien uns sehr freundlich gesinnt und möchten uns mit ihrer „Über-Sicht" helfen, das diesseitige Leben besser zu bewältigen.

Spiritistisches Pendeln

Dies bestätigt der Auszug eines Briefes, den ich nach Erscheinen eines Zeitungsberichtes, in dem das Sekten-Info erwähnt wurde, von einer Frau erhielt:

„Die da jede Gelegenheit wahrnehmen, sich bemerkbar zu machen, haben keinen Körper und also keine Organe wie wir Menschen, aber sie besitzen Energien, wie Gedanken, mit denen sie ständig versuchen, ihr Vorhandensein zu beweisen bzw. ihr Wissen weiterzugeben. Dazu bedienen sie sich der verschiedenen, sich bietenden irdischen Materie. Und wer ihnen auch nur ein bißchen Aufmerksamkeit schenkt, also Bereitschaft entgegenbringt, sie anzuhören, und ihnen eine Gelegenheit wie Tischerücken, Oui-ja-Brett, Pendeln, mediales Schreiben etc. anbietet, um sich zu artikulieren, wird geradezu überschüttet."

Allerdings steht vor dieser Empfehlung am Beginn des Briefes: „Ich bin durch die Hölle der *bösen Geister* ebenso gegangen wie ich *gute Seelen* antraf. Ich wurde beschimpft und irregeführt, aber ich erhielt auch Hilfe."

Die Verfasserin dieses Briefes benutzt für ihre Geistkontakte das *Pendel,* mit dessen Hilfe – so glauben die Spiritisten – die Kommunikation zu den Toten u.a. hergestellt werden kann. Mit den Toten, den „Geistern", mit denen Kontakt aufgenommen wird, ist eine Vereinbarung zu treffen: Pendel mehr nach links soll „ja" bedeuten, mehr nach rechts: „nein", kreisförmige Bewegungen: „Ich weiß es nicht".

Eine andere Möglichkeit ist, über einem Buchstabenkreis zu pendeln (weiteres siehe S. 46 ff).

Susi, 15, kam auf Wunsch der Mutter zu uns in die Beratung. Das Mädchen hatte längere Zeit gependelt, Kontakt mit „Satan" bekommen, der ihr den nahen Tod verhieß. Mit großer Erleichterung wurde Susi in unseren Gesprächen klar, daß sie weder mit Satan gesprochen noch irgendeine Botschaft von ihm erhalten hatte: Ein Interview mit ihr ergab:

Frage: Woher wußtest du vom Pendeln?
Susi: Aus Zeitschriften wie „Bravo", „Girl". Mutter hat mir später aus Spaß Baby-Kriegen-Pendeln über der Handfläche gezeigt.
Frage: Mit wem hast du gependelt?
Susi: Mit zwei Freundinnen. Zuerst haben wir auch gependelt, wie viele Kinder wir bekommen. Dann haben wir uns JA-NEIN-Zettel gemacht und darüber Fragen ausgependelt. Weil es so gut funktionierte, haben meine Freundinnen Angst

gekriegt und haben nicht mehr mitgemacht. Dann habe ich allein gependelt. Meiner Mutter habe ich's mal gezeigt. Sie sagte: „Ist Quatsch."

Frage: Wie hast du gependelt?

Susi: Erst mit einer Nadel am Faden. Dann mit dem Ring, den mir mein Freund geschenkt hat. Das ging viel besser, weil er schwerer war. Dann habe ich mir ein Pendel gekauft und mir ein Alphabet gemacht.

Frage: Was wolltest du wissen, und was hast du erfahren?

Susi: Ob die Welt bald explodiert, ob mein Freund mich noch mag, ob wir bald sterben, wie lange unsere Haustiere noch leben. Oft hat Satan geantwortet. Er sagte, er sei gut, er sei nicht böse. Ich habe damals Probleme mit meinem Freund gehabt und dann dauernd gependelt. Eine Woche war das ganz schlimm, ich hatte jemanden gesucht, der mich versteht, fand aber niemanden. Beim Pendeln ist es mir gut gegangen, ich habe Antworten gekriegt und immer weitergemacht. Wenn ich aufgehört habe, ist es mir schlecht gegangen.
Meine Mutter hat gemerkt, daß bei mir was war. Sie hat mit mir geredet. Das Pendel sagte aber, daß ich nicht aufhören darf, wenn doch, bringt *er* mich um. Ich hatte schreckliche Angst. Ich habe immer wieder nach dem Sterben gefragt, ob ich nächstes Jahr sterben müßte, an welchem Monat oder Tag. Es kam: *Nah* bevor. Ich habe gefragt: Soll ich sterben, soll ich zu dir kommen, magst du mich? Es kam immer: JA. Dann habe ich gefragt: Magst du meine Freunde? NEIN. Soll ich die umbringen? JA.
Ich wollte immer aufhören zu pendeln und habe es immer weitergemacht.

Frage: Wie häufig hast du gependelt?

Susi: Jeden Tag, auch öfters am Tag, immer wenn ich Lust dazu hatte. Beim Pendeln selbst hatte ich keine Angst, hinterher schon. Wenn ich gependelt habe, war alles drumherum weg, nur ich und das Pendel waren da.

Frage: Pendelst du noch?

Susi: Ich habe aufgehört, als meine Eltern mit mir geredet haben. Und jetzt, wo ich weiß, daß das Satan gar nicht war, daß das alles ich war, reizt es mich nicht mehr. Jetzt lasse ich mich nicht mehr verrückt machen, habe auch keine Angst mehr.

Neulich hab ich es einmal einer Freundin gezeigt. Aber es ist mir nicht mehr wichtig. Es löst keine Probleme, macht eher mehr Probleme.

Frage: Was sagst du heute zum Pendeln?

Susi: Es kann einen ganz durcheinanderbringen, weil man ja bloß an Geister glauben kann, wenn man nichts anderes weiß, man hat doch nur die Geistererklärung!

Für Susi ist es nach einer „ganz schlimmen Zeit", wie sie sagt, doch noch gutgegangen. Sie strahlt und – hat inzwischen schon in Gesprächen eine Menge über sich selbst und ihre Probleme herausgefunden. Zu entdecken war ja, warum sie so sehr davon fasziniert war. Es wird noch ein Weilchen dauern, bis dieser Prozeß abgeschlossen ist; wir begleiten sie dabei. Susi hatte Riesenglück, daß ihre Eltern das Problem wahrgenommen haben und gleich die rechten Wege gegangen sind. Denn aus der Erfahrung in unserer Beratungsarbeit wissen wir, daß das Pendel so etwas wie eine Einstiegsdroge in weitere okkulte Praktiken sein kann.

Schreibendes Tischchen

Eine andere Methode, Kontakte mit dem Jenseits herzustellen, ist das *Schreiben mit dem Tischchen* (auch *Planchette* genannt).

Das Tischchen ist aus Holz, kann rund, quadratisch, dreieckig oder sogar herzförmig sein und hat drei oder vier Beine. Eines dieser Tischbeinchen wird entweder durch einen Stift ersetzt oder hat versenkt einen Stift eingesetzt.

Und so funktioniert es:

Auf dem großen Tisch liegt ein Stück Tapete. Das kleine Tischchen wird mitten darauf gestellt. Die Teilnehmer legen leicht einen Zeigefinger oder mehrere Fingerspitzen auf das Tischchen und rufen den gewünschten Jenseits-Kontakt. Es

kann sein, daß sich das Tischchen dann in Bewegung setzt, das muß allerdings nicht sein. Dies ist von bestimmten Faktoren abhängig, auf die ich später bei der Deutung des Phänomens zu sprechen komme.

Wenn sich das Tischchen bewegt, wird durch den Stift irgend etwas auf die Tapete geschrieben. Meist sieht das aus wie Krikel-Krakel; es kann aber durchaus mit einzelnen Worten Antwortcharakter haben, wie z. B. der Ausschnitt aus der Sitzungsniederschrift eines Spiritistenzirkels auf S. 89 (unten) zeigt. Bei geübten Spiritisten, die immer in derselben Zusammensetzung „schreiben", kann es auch zu einem zeilenartigen Ergebnis wie auf S. 89 (oben) abgebildet kommen: Daraus wird deutlich, daß ein(e) Teilnehmer(in) innerhalb des Zirkels die Führung von den anderen (oft unbewußt) zugeteilt bekommen hat. Alle Teilnehmer haben zwar ihre Finger auf der Planchette, glauben aber, daß das „Medium" den besten Geistkontakt hat. Entsprechend halten sie ihren äußeren und inneren Einfluß zurück. Sie überlassen das Geschehen dem „Medium".

Gläserrücken

Wahrscheinlich ist die am weitesten verbreitete Methode des Geister-Kontaktes das Gläserrücken. Fast ohne Aufwand kann es nahezu überall praktiziert werden.

Auf einen Tisch wird ein Buchstaben-/Zahlenkreis gelegt, dazu die Antwortkärtchen JA und NEIN. In die Mitte des Kreises wird das umgedrehte Glas gestellt. Die Anwesenden legen die Spitze eines Zeigefingers auf das Glas. Sofern sich nach Anrufung ein „Geist" einstellt, bewegt sich das Glas zum JA, und man kann mit dem Befragen beginnen. Das Glas bewegt sich dann zu einzelnen Buchstaben, die zusammengesetzt als Wörter oder Sätze die Botschaften ergeben.

Manchmal werde ich bei meiner Arbeit zum Spiritismus in Zirkel eingeladen und nehme an deren Sitzungen (auch Séancen genannt) teil. Dabei lerne ich viel über Denken und Glauben der Spiritisten. Die einen sagen: Es muß dunkel sein,

Ja du bist unsterblich um Gottes ordenwarte
dem Schöpfer des Himmels und der Erde war er sich selbst auf dann ...
und Gott hat nur so a geglaubt selbst wie unter der du dir rufen sollen wenn alle die so nur
und Gott damit sie es schon dass er stammt vor wahr es selbst ist die eine Kopie der kann.
der wir glauben nur war en alle da auch der Teufel du selbst schon mit gebracht er ist
sie werden ahnen er und an sie der alles so gefallen und will Gott ab sie es dann
bestraft er ihn er hat uns hin und wieder auf euch auf die wenn er sein ist um er schwer wenn
und hat im Hollen angst vor dem Satan aber er ist er mehr er kommt nicht bei
Kopie bei der Gott er an nun wenn sein so ängstlich groß ist der alles er wird sich die
Hölle auf Erden er er raten und wie es im Loch es wie der bis um alle er so rasch
der unter mir mag er an Gott es Seiten ist es da und aller Welt er unser Gott er
sie Kam er so wahr deine Treue und Wunden voll bringen so an Beine
kann mir sie schlau und auch von Schwelle Kopf dran mit mir nicht weiter
zu schen wenn er zu mich und will die Genehmigung es ist so nun unterwegs
weil ich er so will unter stark ich wen Glauben nun und wunder schon er
der du mir und das es kommt an und wenn Kern er und Kern Geld geben
und wir de aber sie ist der so sicher so sie kann alles aber sie brauche es er nun wieder

nur bei Kerzenlicht geht es; die anderen wissen, daß auch Sonnenschein die „Geister" nicht beeinträchtigt. Auch bei der Auswahl des Glases unterscheiden sich die Geister (allerdings die der Teilnehmer). Die einen sagen: Ein Weinglas *muß* es sein, denn im Wein liegt Wahrheit. Andere sagen: Um Himmels willen *kein* Weinglas, Alkohol ist zu vermeiden. Tanja brachte ein kleines Likörgläschen, eingeschlagen in Samt, mit in die Beratung mit dem Hinweis: „Der Hauch des Geistes muß immer drin bleiben. Das Gläschen darf nie gespült werden." Der normale Spiritist erhofft sich ausschließlich Kontakt mit guten Geistern, dem verstorbenen Patenonkel, dem Großvater usw. Jeder zweifelhafte Geist oder jede unklare Botschaft ist eine Panne, die es durch Vorsorge zu vermeiden gilt. Zum Beispiel habe ich erlebt, wie eine junge Frau vor Beginn des Gläserrückens einen Kreis mit Kreide um den Buchstabenkreis gezogen hat. Mein fragendes Gesicht entlockte ihr die Mitteilung: „Ist geweihte Kreide vom Dreikönigssingen. Man weiß ja nie!" Oftmals wird ein Kreuz, ein Rosenkranz oder ein Zettel mit einem Gebet oder frommen Zeichen auf den Tisch gelegt. In einem Zirkel junger Mütter mußte die verstorbene Tante Rosi, der Dauergeist dieser Gruppe, erst ein Code-Wort schreiben, nämlich mit dem Glas „GOTT" buchstabieren, ehe sie von allen Teilnehmerinnnen herzlich begrüßt wurde, so als käme sie zur Tür herein.
Die genannten „Absicherungsmaßnahmen" werden von gutgläubigen Spiritisten getroffen. Bei Jugendlichen ist das oft nicht der Fall. Der „verstorbene Großvater", der anfangs gerufen wird, ist doch leicht dem „Verschleiß" ausgesetzt.

Andere Geister, vielleicht stärkere, härtere, folgen und warum sollte man dann nicht einmal versuchen, ob SATAN kommt. So wandeln sich die Sitzungen bei Jugendlichen oftmals recht schnell vom Kontakt mit lieben Verstorbenen zu „Dämonen- oder Satansbeschwörungen". Mädchen ziehen sich an dieser Stelle eher aus Angst zurück. Wie es scheint, ist es für die Jungen oft aber gerade reiz-voll, die Angst heraufzubeschwören, sich in der Angst zu erleben!

So ist im Jugendbereich ein *action*-Okkultismus auffällig, der mit spektakulären Ereignissen und Schock arbeitet und viele Ängste auslöst.

Martin, 16, berichtete von seinen Erfahrungen: „Bei Guido, einem aus meiner Klasse, war besonders was los. Da fiel ein Bild von der Wand, ein Spiegel splitterte, eine Bierflasche flog durch das Zimmer, ein Kissen fing Feuer ...“

Mir ist schon klar:

1. Der einladende Freund hatte gut dafür gesorgt, daß sich etwas zur rechten Zeit ereignet. Alle Teilnehmer stecken im dunklen Raum bei Kerzenlicht die Köpfe zusammen, starren auf das Glas, warten auf einen Geist und warten ... und da fällt ein Bild von der Wand ... alle wissen: jetzt ist er da!

2. Bei derartiger Konzentration auf einen Punkt – vor allem dann, wenn das „Geistergeschehen“ schon im Gange ist – ist die Wahrnehmung des Umfeldes eingeschränkt. Die Glut fällt von der Zigarette auf das Kissen ... und niemand hat es bemerkt.

3. Meist wird bei geselligen Anlässen etwas getrunken, so auch bei spiritistischen Sitzungen, auch Alkohol, auch bei Jugendlichen. Die Wahrnehmung kann dadurch erheblich verändert werden.

Ich habe keine Mühe, mit Martin für solche Vorkommnisse natürliche Erklärungen zu finden.

Ich war in den Unterricht einer achten Klasse (Gymnasium) eingeladen. Die Religionslehrerin meinte, es seien alles noch „brave“ Kinder, aber man müsse ja frühzeitig vorbeugen. Eine wirklich sehr nette, aufgeschlossene Klasse empfing mich mit vielen Fragen. Ich brauchte den SPIRITISMUS jedoch nur kurz anzutippen, da schnellten die Finger nur so hoch, und die Schüler und Schülerinnen erzählten ihre Erlebnisse. Die Lehrerin staunte nicht schlecht. Ein Mädchen berichtete: „Ich mußte ja mitmachen, die anderen sagten, ich wäre sonst ‚feige‘, und ich hatte Angst, daß sie mich nicht mehr gut fänden. Als dann aber bei der Geisterbeschwörung überhaupt nichts ging, war ich total froh – ich glaub‘, ich wäre durchgedreht.“

Einige Mädchen aus dieser Klasse wußten von Jungen, die „Satansbeschwörungen" machten, und „wirklich echt an Satan glauben".

Und dann wollte eine der Schülerinnen von mir wissen: „Sagen Sie, Frau Cammans, glauben *Sie* denn so richtig an Gott?" Ich gab, so gut ich konnte, Antwort. Mir war wieder einmal klar geworden, daß das „Wissen-Wollen" über Geister und Dämonen nur eine Vor-Frage zur eigentlichen Frage des Menschen ist – der nach Gott, nach dem Sinn von Leben und Sterben.

Oui-ja-Brett

Bei uns weniger bekannt ist das *Oui-ja-Brett*. Dieses Brett ist mit Buchstaben, Zahlen und mit den Worten „ja" und „nein" beschreiben. Mit Hilfe eines Zeigers, der leicht mit der Hand berührt wird und daraufhin wie von selbst über das Brett gleitet, werden „Botschaften" buchstabiert, ähnlich wie beim Gläserrücken.

Tonbandstimmen, auch Transkommunikation genannt

Ganz im Zuge der Technisierung all unserer Lebensbereiche hat diese Entwicklung natürlich auch nicht vor dem „Umgang mit Geistern" haltgemacht. Der Kontakt mit *Tonbandstimmen,* die angeblich mit Hilfe von Tonband- oder Radiogeräten empfangen werden, ist ein wachsender Spiritistenzweig mit Gruppenbildung.

Mittels verschiedener technischer Verfahren versucht man, z. B. auf dem Tonband „Einspielungen" zu erhalten. Meist sind das eine Reihe geflüsterter Worte und Sätze, die erst beim Abhören bemerkt werden und von den spiritistisch eingestellten Hörern „Verstorbenen" zugeschrieben und gedeutet werden. Häufig wird dabei mit Hintergrundgeräuschen wie Wasserrauschen oder Wassertropfen gearbeitet.

Diese Spiritisten-Richtung wird derzeit immer beliebter. So stand in Esotera 11/89 folgender Bericht:

„Tote rufen uns an!

Das Jenseits rückt immer näher. Auf den PSI-Tagen in ... wird die Sensation erstmals einer breiten Öffentlichkeit präsentiert:

Die ‚Toten', außer- und überirdische Wesen, stehen in Kontakt mit der Erde – über Radio und Tonband, aber jetzt auch per Computer, via TV-Bildschirm und – am Telefon!"

Berichtet wird, daß sich aus dem ehemals einzigen Basisphänomen „Tonbandstimme" die heutige „Transkommunikation" entwickelt hat (lat. *trans* = hindurch, darüber hinaus; Kommunikation = Verständigung untereinander, Umgang, Verkehr oder Verbindung, Zusammenhang).

Entwicklungsziel der diesbezüglichen „Forschung": Auf Knopfdruck Jenseitskontakt für jedermann.

Was auch immer da auf leeren Radiowellen, Tonbändern oder irgendwelchen technischen Hilfsmitteln vernommen werden kann, wir *müssen* nicht glauben, daß es sich dabei um Mitteilungen aus der „jenseitigen Welt" handelt.

Denn:

„1. Der Äther ist heutzutage voll von Rundfunkwellen, die durch technische Geräte vielfältiger Art aufgefangen werden, besonders, wenn sie nicht in allen Teilen gut abgeschirmt sind. Vor allem unweit von Radiostationen demodulieren durch Intermodulation sehr viele Tonbandgeräte starke Mittel- und Langwellensender und nehmen dadurch Texte des Rundfunks auf.

2. Es kann technisch keine völlig gelöschten Tonbänder geben.

3. Die *Interpretation* des von den Geistern Gesagten kommt immer zunächst von den „Kundigen". Der unbefangene Laie hört gar nichts. Erst wenn behauptet wird, an einer bestimmten Stelle sei ein bestimmtes Wort deutlich hörbar und wenn diese Stelle dann noch oft genug vorgespielt wird, meint man tatsächlich, entsprechende Satzfetzen wahrzunehmen. Es handelt sich um Fremd- und Autosuggestion.

4. Ein ähnlicher Effekt ist aus dem visuellen Bereich allgemein bekannt: Betrachtet man einen Tapetenfleck oder eine

dahinziehende Wolke, erkennt man auf einmal eine bestimmte Gestalt, ein Gesicht, ein Tier usw. Dies ist auch im Akustischen möglich: In der Nähe eines gleichförmigen Geräusches (Wasserfall, Rauschgenerator) meint man plötzlich, Stimmen zu hören, die sich vom Hintergrund deutlich abheben. Vor allem im Zustand leichter Ermüdung tritt diese Täuschung häufig ein. Auch in einem fremden Land, umgeben von fremdländischen Lauten, kann man auf einmal deutsche Laute vernehmen, obwohl niemand diese Sprache spricht."[35]

Was bedeutet das nun für unsere Berater-Praxis?
Begleiten Sie mich ein wenig bei meiner Arbeit.
Im Posteingang finde ich einen Brief aus Süddeutschland:
„Hilfe, könnten Sie uns bitte helfen!
Wir haben Glasrücken gemacht. Es hat geklappt. Wir haben Sachen gefragt, die keiner wissen konnte, und nachdem wir die Antwort wußten, haben wir in einem Buch (das in einem anderen Zimmer lag) nachgeguckt. Wir haben Angst vor den Folgen. Könnten Sie mir bitte alles mögliche über Glasrücken schicken. Wir sind uns einig, daß wir so was nie wieder machen. Wir sind alle fix und fertig. Wir haben heute in der Schule fast immer geheult und dann gefroren wie noch nie. Wir sind vier Jungen und drei Mädchen, zwischen vierzehn und neunzehn Jahre alt. Bitte schicken Sie uns etwas über Glasrücken und die Folgen von so etwas.
Danke."
Dieser Brief gibt auf eine typische Weise wieder, wie ein Experiment mit dem Glasrücken ausgehen kann.
Was verdeutlicht uns dieser Brief?
– Die Jugendlichen sind mit einseitigen Informationen an die Sache herangegangen.
Sie wußten: Das Glas bewegt sich = Beweis für Geistkontakt.
– Wahrscheinlich hatten sie trotzdem nicht wirklich erwartet, daß das Glas sich bewegt. Deshalb ist der Schrecken tief in sie gefahren. Denn aus dem Erlebten ergab sich die Gewißheit, daß es Geister gibt.

- Dies wiederum erschüttert die bisher bestehende Weltsicht der Jugendlichen. Der Schluß liegt nahe: Wenn die Geister sofort antworten, wenn wir einen Finger auf das Glas legen und rufen, dann sind sie immer da, immer um uns, Tag und Nacht.
- „Wir haben Sachen gefragt, die keiner wissen konnte." D. h., die Jugendlichen sind dabei vom ganz normalen, dem Verstand zur Verfügung stehenden Gewußten ausgegangen, ohne das Unbewußte mit einzuplanen.
- „Wir haben Angst vor den Folgen."
  Klar, Fremdes kann ich nicht einschätzen. Können die Geister etwas mit mir machen, bin ich ihnen ausgeliefert?
- Aus dem Brief wird weiter der Aufschaukelungseffekt deutlich. Die Jungen und Mädchen haben jetzt auf dem Schulhof und in der Freizeit *ihr* Thema. Sie steigern sich immer weiter hinein, wickeln sich ein. Die Gefühle übernehmen die Regie (im Brief: „heulen", „frieren"). Der Verstand ist blockiert. Allerdings: Bettina hat das Spiel durchbrochen. Sie hat durch den Hilferuf zum Sekten-Info ein Signal nach außen gegeben und um Information gebeten, die sie postwendend bekommen hat.

Der beste Weg ist, das Erlebte durch Informationen ins rechte Licht zu rücken, zu deuten, für sich einzuschätzen, um dann zum gewohnten Alltag zurückzufinden.

Schade, daß Bettina und ihre Freunde so weit von Essen entfernt wohnen. Zu gerne hätte ich sie alle zu einer Gesprächsrunde in unsere Einrichtung eingeladen. Aber vielleicht erreiche ich Bettina und ihre Freunde über diese Zeilen und kann auf diese Weise noch ein wenig zum Verstehen des Erlebten beitragen.

Wie schon erwähnt, fragen nicht nur Jugendliche bei uns an. Mir behagt es überhaupt nicht, wenn das Problem in der Öffentlichkeit immer wieder in die Jugendecke geschoben wird. Von den Medien verbreitet, von Politikern u. a. aufgegriffen, existiert der Begriff „Jugendokkultismus". Sicher, der junge Mensch ist sehr offen für neue und gar wundersame, geheimnisvolle Dinge, möchte herausfinden, was es damit auf sich hat. Er ist experimentierfreudiger als der Erwachsene und möchte möglichst alle Dinge der Welt erfahren. Er ist noch flexibler, seine Schwelle zum Neuen ist niedriger, während der Erwachsene über viel mehr Vorbehalte – „wenn" und „aber" – zu klettern hat.

Wir fördern „Jugend forscht", gestatten aber nicht die Forschung z.B. beim Gläserrücken. Hier wird *Wissen-Wollen* gleich in eine fragwürdige Ecke geschoben, abqualifiziert, nicht als legitim zugestanden.

Trotz alldem ist die derzeitige Okkultwelle, was vor allem beim Spiritismus deutlich wird, nicht ein spezielles Jugendproblem.

Erstens ist es durch die Vermarktung der Medien mit heraufbeschworen (also durch Erwachsene).

Zweitens wird Okkultismus heute von alt und jung praktiziert. Allerdings sprechen Jugendliche offener als Erwachsene darüber, z. B. wird der Lehrer, der Jugendleiter gefragt. Erwachsene praktizieren im Wohnzimmer bei zugezogenen Gardinen und rufen höchstens nach Hilfe, wenn der Leidensdruck schon reichlich angewachsen ist.

Lesen Sie die Geschichte von Frau M. (34 Jahre):

„Eine Nachbarin berichtete mir, daß sie an einer spiritistischen Sitzung teilgenommen hatte. Sie schilderte ihre Erlebnisse und Gefühle so lebhaft und spannend, daß ich neugierig wurde. Ich konnte mir allerdings überhaupt nicht vorstellen, daß die Praktiken, über welche sie mir berichtete, tatsächlich funktionierten.

Ein Glas konnte sich meiner Meinung nach nicht selbständig in Bewegung setzen.

Am nächsten Tag nahm ich an einer Sitzung teil. Ich traf mich in der Wohnung meiner Nachbarin mit noch zwei weiteren Schwestern; ein Holzbrett lag auf dem Tisch.

Dieses Holzbrett war um den äußeren Rand mit den Großbuchstaben von A bis Z, den Zahlen 0 bis 9 und den Worten „ja" und „nein" versehen. Auf der Brettmitte stand ein kleines Glas mit der Öffnung nach unten.

Um sich vor dem Erscheinen böser Geister abzusichern – so wurde mir eindringlich erklärt – wäre es unbedingt erforderlich, vor Beginn der Sitzung ein stilles Gebet zu sprechen. Obwohl ich normalerweise nicht bete, kam ich der Aufforderung nach. Nach dem Gebet legten die Teilnehmer ihren Zeigefinger auf den Glasrand. Eine der Teilnehmerinnen fragte laut, ob sich außer uns noch jemand im Raum befände; er sollte das Glas zum „ja" schieben.

Nach einer Weile setzte sich das Glas in Bewegung, mir wurde doch seltsam zumute. Ich hatte jedoch für mich die Erklärung, daß möglicherweise jemand bewußt das Glas schiebt. Der nunmehr anwesende Geist sollte jetzt das Wort ‚Gott' schreiben, um endgültig sicherzugehen, daß wir es mit einem ‚guten' Geist zu tun hatten. Nachdem die Teilnehmer die ihnen bekannten Verstorbenen (Geister) gerufen hatten – das Glas rückte nun zügig über den Tisch – , war es an mir, meine Fragen zu stellen.

Ich rief meinen verstorbenen Großvater, der in diesem Kreise völlig unbekannt war. Ich richtete Fragen an ihn, deren Antworten nur ich, teilweise nicht einmal ich kannte.

Ich stellte Fragen zu seinem Namen, zum Alter, zum Todestag und zu besonderen Begebenheiten, auf die ich nach einigem Zögern vollständige und richtige Antworten bekam.

Ein Durcheinander von Gefühlen überwältigte mich, Freude, Mißtrauen und Angst lösten einander ab. Ich war zunächst einmal davon überzeugt, mit Geistern in Kontakt gekommen zu sein.

Nach etwa zwei Stunden wurde die Sitzung beendet; ich war müde und ängstlich. Diese Angst steigerte sich im Laufe des Tages, ich war nicht in der Lage, in den Keller zu gehen. Ich fühlte mich beobachtet, wurde zunehmend unsicherer und einfach ängstlich. Es war mir nicht möglich, den Tag allein zu verbringen. Solche unbegreiflichen Vorgänge verspürte ich in mir, die für mich eigentlich untypisch sind.

Meine Angst nahm im Laufe der nächsten Tage etwas ab und ich wollte nun unbedingt Erklärungen für die erlebten Begebenheiten finden.

Zunächst einmal versuchte ich, meine Erklärungen über das Gläserrücken in der Sache selbst zu finden, und nahm an sechs weiteren Sitzungen teil.

Auch mein Ehemann beteiligte sich an zwei solcher Treffen; wir waren auf dem Wege, uns zu Spiritisten zu entwickeln. Fragen wurden von den Geistern entsprechend beantwortet, sogar wenn der Frager seinen Finger nicht auf das Glas legte. Überzeugender konnte ein Geist sein Vorhandensein nicht demonstrieren. Mein Unwissen und Geisterglauben erstreckte sich nun über einen Zeitraum von fünf Wochen.

Meine Gefühlswelt war noch immer durcheinander und ungeordnet; Angst und Freude lösten sich ab, der ganze Lebensablauf war unheimlich.

Letztlich war ich der Meinung, eine gute Antwort auf die Frage, ob es ein Leben nach dem Tode gibt, gefunden zu haben.

Ich konnte mir sogar gut vorstellen, mit Hilfe der Geister meinen Partner zu überwachen, d. h. zu prüfen, was er in meiner Abwesenheit wohl macht. Trotz aller positiver Vorstellungen begleitete mich stets ein Gefühl von Angst und Unheimlichkeit, welches ich teilweise als zermürbend und äußerst störend erlebt habe.

Vernünftige Lektüre zu diesem Thema war mir nicht bekannt und somit unzugänglich, entsprechende Gesprächspartner zu diesem sensiblen Thema waren nicht vorhanden.

Durch einen Zeitungsartikel wurde ich zufällig auf das Sekten-Info in Essen aufmerksam.

Durch dort angebotene Hilfen, Gespräche und Erklärungen wurde mir klar, daß die von mir erfahrenen Erscheinungen tatsächlich innerweltlich zu erklären sind.

So vermag ich heute grundsätzlich eigenverantwortlich zu leben, ohne Zuhilfenahme nicht existenter Geister, die mich ängstigen und mir mein Leben unheimlich machen."

Für uns Berater eine ganz „normale" Geschichte. Ich werde auf einzelne Passagen später eingehen.

Zunächst müssen wir prüfen, was sich bei dem Kontakt mit den Geistern wirklich ereignet.

3 Deutungsmöglichkeiten

Es gibt zwei Möglichkeiten, die Vorgänge bei spiritistischen Sitzungen zu deuten:

1. Die spiritistische Deutung

Spiritisten glauben, daß die Geister ständig um uns sind und eine Kontaktaufnahme durch uns sogar wünschen. Am Beispiel des Glasrückens: Der angerufene Geist bewegt das Glas zu dem Buchstaben und übermittelt uns so seine Botschaft. Spiritismus ist ein Glaube, der auf Wissen aus Erfahrung beruht, das kaum hinterfragt wird. Man hat selbst erlebte Beweise für die Geisterdeutung.

2. Die animistische Deutung

Die Bezeichnung Animismus (von lat. anima = Seele) wurde von dem englischen Völkerkundler E. B. Tylor (1832 – 1917) eingeführt für die Vorstellung, daß alle Dinge (z. B. Berge, Flüsse, Pflanzen, Tiere, Gegenstände) beseelt seien.
Die Parapsychologie hat den Begriff aufgenommen und kennzeichnet damit eine dem Spiritismus entgegengesetzte Position. Während der Spiritismus das Hereinwirken der Geisterwelt in unsere Sphäre lehrt, will der Animismus die Untersuchung der Vorgänge auf die Natur beschränken.
Die animistische Theorie wird auch tiefenpsychologischer Ansatz genannt mit folgender Begründung:
Auf uns Menschen strömt lebenslang eine ungeheure Fülle an Informationen ein. Es ist nicht nur das, was wir sehen und denkend verarbeiten. Vieles andere wird unbewußt aufgenommen. Spüren wir doch einen Augenblick nach. Am besten wir schließen die Augen, betrachten den heutigen Tag, lassen ihn wirken. Wir beginnen morgens. Der Wecker hat geklingelt, jemand rief: Aufstehen; Bett mollig warm, draußen kalt, noch dunkel; Radio, Nachrichten, Zeitung, Kaffeeduft, Gespräch, Auto- oder Busfahrt, Menschen, Lichter, Häuser, andere Verkehrsteilnehmer usw.

Würden wir alle Informationen, die auf uns einströmen, bewußt wahrnehmen, würden wir auf der Stelle geisteskrank. Unser Gehirn ist für die bewußte Aufnahme und Verarbeitung dieser Informationsfülle nicht ausgestattet. Es entspricht unserer Natur, diese Informationen zum allergrößten Teil unverarbeitet im Unbewußten abzuspeichern. Wenn wir nun mit Hilfe des Glases oder des Tischchens Botschaften aus dem Jenseits holen möchten, wollen wir etwas wissen, was wir eigentlich nicht „wissen", was uns nicht *be-wußt* ist, was nicht *ge-wußt* ist. Wir zapfen damit den Bereich des Unbewußten an und befördern durch sogenannte: „*Steigrohre des Unbewußten*" (der Ausdruck stammt aus der Parapsychologie) verborgene Informationen zutage. Diese werden dann – mit dem Glas buchstabiert oder mit dem Tischchen geschrieben – als ich-fremde Botschaften, als Nachricht eines Geist-Gegenübers wahrgenommen.

Die Parapsychologie erklärt dies so: Gedanken lösen sogenannte *psychomotorische Automatismen* aus. Dadurch kommt es zur Bewegung des Glases oder Tischchens, was von den Teilnehmern allerdings nicht als Schieben wahrgenommen wird. Das Schieben des Glases geschieht nicht wissentlich und willentlich, sondern unbewußt.

Beispiel: Stellen Sie sich vor – wir unternehmen eine Autofahrt. Dabei hören wir Radio, Kassetten mit unserer Lieblingsmusik, unsere Gedanken sind bei lieben Menschen, bei früheren oder künftigen Ereignissen. Wir unterhalten uns vielleicht angeregt mit dem Beifahrer. Am Ziel angelangt, wissen wir wenig über den Ablauf der Fahrt zu berichten. Wir haben keine Ahnung, wie viele Ampeln wir überfahren, wie oft wir angehalten, wie oft wir überholt haben, wie oft der Gang gewechselt, Gas gegeben, gekuppelt, gebremst, geblinkt wurde. Alles ist automatisch abgelaufen.

Beim Gläserrücken z. B. wird die Information unbewußt in Energie umgesetzt und mittels unbewußter Muskelbewegungen durch die Finger- oder Handspitzen auf das Glas oder Tischchen übertragen. Lösen alle Teilnehmer die Berührung auf, bleibt das Glas in der Regel stehen.

Diese Erklärung besagt somit, daß die spiritistischen Praktiken ausschließlich innerweltlich und natürlich begründbar sind. Dementsprechend handelt es sich nicht um übersinnliche, übernatürliche und außerweltliche Ereignisse.

Diese natürliche, rein menschliche, innerweltliche Erklärung ist auch auf die Praktik des Pendels anwendbar. Der pendelnde Spiritist vereinbart vorher mit dem Geist die Deutung des Pendels, was Schwingen nach links, Schwingen nach rechts usw. heißt.

Psychologisch gedeutet, sind hier ebenfalls Automatismen wirksam, d. h., die Antworten werden aus dem Unbewußten durch feinmotorische Reaktionen der Finger übertragen. Das Pendel hat verstärkende Funktion und macht das Ergebnis ablesbar.

Nach einer Reihe eigener Experimente, Teilnahme an verschiedenen spiritistischen Sitzungen und zahlreichen Gesprächen mit „Spiritisten" komme ich zu folgender Auffassung:

1. Ich habe bisher noch *keine einzige Bestätigung* für auch nur einen Geist am Glas oder Tisch gefunden.
2. Vielmehr sprechen etliche Hinweise dafür, daß am Glas oder Tisch oder bei anderen Praktiken *kein Geist* sein kann.

Ich will von einigen Versuchen und Erfahrungen erzählen:

Bei einem Experiment unseres Beratungsteams haben wir mitten im Verlauf des Glasrückens auf vorherige Absprache hin alle die Augen geschlossen. Sofort hatte das Glas keine Orientierung mehr, es „fuhr" keine sinnvollen Botschaften mehr zusammen, heraus kam nur noch Buchstabensalat.

Überlegung: Zur intelligenten Steuerung sind unsere Augen notwendig. Hätte ein wirklicher Geist aber den „Überblick" verlieren dürfen, ja, hätte er überhaupt unsere Augen nötig?

Drei Gruppen verteilten sich zur selben Uhrzeit in drei Räumen. Sie bekamen alle den Auftrag, dieselbe verstorbene Persönlichkeit zu rufen und eine bestimmte Frage zu stellen. Alle drei Gruppen haben zur selben Zeit mit demselben Geist gesprochen, aber unterschiedliche Antworten erhalten.

Erklärung: Jede Gruppe brachte es zu einem anderen Botschaftsergebnis, entsprechend dem unbewußten Informationsangebot der teilnehmenden Personen.

Wie konnte *ein* und derselbe Geist zur *selben* Zeit in drei Gruppen unterschiedliche Wahrheiten sagen?

Genau dies wurde auch durch spiritistische Befragungen nach dem Tode Uwe Barschels deutlich. In vielen Zirkeln bemühte man sich, die Todesursache zu erfahren. Aber „Barschel selbst" machte widersprüchliche Angaben, die vom Selbstmord bis zum Mord reichten.

Das wäre wieder als ein Pluspunkt für die animistische Deutung zu werten; die jeweilige Aussage über Barschels Tod wäre dann die herrschende Meinung im jeweiligen Zirkel.

Bei einer Séance in einem geistergläubigen Zirkel waren alle erstaunt und erleichtert, daß der Geistkontakt so gut klappte, *obwohl* ich meinen Finger mit am Glas hatte. Es war befürchtet worden, daß ich – jedenfalls nicht auf dieselbe Weise wie die übrigen Teilnehmer geistergläubig – stören könnte. Nach einiger Zeit des reibungslosen „Dialogs" mit verstorbenem Onkel und Tante ließ ich *meinen* Geist arbeiten; d. h., ich blockierte innerlich mit Konzentration und Willen. Es dauerte nicht lange, und das Glas blieb stehen. Unverständnis rundherum, alle sahen sich an – sahen mich an, wurden nervös. Ich hatte das schöne Spiel gestört. Folge allerdings war nicht Nachdenklichkeit und Einsicht bei den Teilnehmern – es kam die Erklärung: Der Geist mag Sie nicht. *Ich war „out".*
Die *Frage:* Kann ein Geist am Glas gewesen sein, wenn meine Willenskraft ausreicht, ihn außer Gefecht zu setzen, würde ich nach dieser Erfahrung so beantworten: Auf keinen Fall. Ich habe dadurch lediglich mit meinem bewußt eingesetzten Willen die unbewußte Steuerung der anderen unterbrochen.

Meine Ausführungen haben wohl gezeigt, welche Deutung wahrscheinlicher ist. Ich vertrete die animistische Sicht – ich nenne sie die natürliche Deutung – das heißt, ich prüfe jeden Vorfall, jedes mir geschilderte oder jedes von mir erlebte spiritistische Ereignis, so weit ich kann, daraufhin, ob eine natürliche Erklärung gefunden werden kann. In der Regel ist dies möglich.

Versuchen wir, einige Berichte von Spiritisten animistisch zu deuten:

Nehmen wir den Bericht von Frau M. (S. 96f):

„Ich rief meinen verstorbenen Großvater, der in diesem Kreise völlig unbekannt war. Ich richtete Fragen an ihn, deren Antworten nur ich, teilweise nicht einmal ich, kannte und auf die ich nach einigem Zögern vollständige und richtige Antworten bekam."

Deutung: Frau M. selbst hat ihre Informationen eingebracht. Einiges wußte sie ja sogar, anderes war von ihr nicht ge-wußt gesteuert, sondern kam aus den abgespeicherten Inhalten. Wir hören oft in der Beratung von Botschaften, die keiner der Teilnehmer einer Séance wissen konnte. Hierauf gibt die animistische Deutung die *Antwort:* Natürlich standen die Informationen nicht vom Verstand her zur Verfügung, aber als gespeicherte Information war die Botschaft bei einem der Teilnehmer im Unterbewußtsein vorhanden.

Immer wieder wird der Todestag eines Angehörigen vom „Geist" richtig genannt. Dadurch beeindruckt, glauben die Teilnehmer an die Existenz der Geister.

Hier war der Frager wahrscheinlich als Kind selbst mit auf der Beerdigung, oder über den Todestag ist beim Kaffeeklatsch im Verwandtenkreis gesprochen worden. Es kann angenommen werden, daß das genannte Datum damals ins Unbewußte abgesunken ist, somit allerdings unterschwellig vorhanden und abrufbar war. Es ist bekannt, daß längst vergessene Erinnerungen mit Hilfe des richtigen Stimulus wachgerufen werden können. Obwohl wir vielleicht etwas vergessen haben, ist es doch auf eine bedeutende Weise in unserer Psyche gegenwärtig, also unbewußt vorhanden.

Nochmals zu Frau M. (S. 96f):

Sie schreibt: „Fragen wurden von den Geistern entsprechend beantwortet, sogar, wenn der Frager seinen Finger nicht auf das Glas legte."

Die animistische *Deutung:* Die richtige Antwort wurde möglicherweise vom Fragenden auf einen anderen am Glas übertragen. Parapsychologen erklären das mit dem Phänomen der Telepathie (direkte psychische Informationsübertragung zwischen Personen).

Hier schließen sich weitere Fragestellungen an:

Ab und zu wird bei Diskussionen oder in Beratungsgesprächen berichtet, daß bei solchen Sitzungen auch Bewegungen des Glases bzw. des Tischchens beobachtet wurden, wenn es von keinem Teilnehmer berührt wurde. In der Parapsychologie bezeichnet man solche Effekte als Psychokinese (PK = Einfluß der Psyche eines Menschen auf äußere Objekte oder Prozesse ohne Vermittlung bisher bekannter physikalischer Energien und Kräfte).

Werden bei solchen Sitzungen Fragen beantwortet, die *nachweislich* niemand der Beteiligten wissen konnte, so geht man in der Parapsychologie von Außersinnlicher Wahrnehmung aus (ASW = Fachausdruck für Telepathie, Hellsehen, Präkognition und andere Formen der Informationsübermittlung ohne Zuhilfenahme der bekannten Sinne).

Bei meiner Beratungsarbeit treffe ich sehr selten auf dieses Phänomen. Ich erlebe meist, daß die Behauptung „Ich habe eine Botschaft erhalten, die wirklich niemand der Anwesenden wissen konnte", durch genaue Betrachtung der Situation sowie durch Erhellung der Vorgänge bei solchem Geschehen auf der Grundlage der natürlichen Deutung fast durchweg das Zustandekommen solcher Botschaften erklärt werden kann. Trotzdem erfahre ich als Berater – und dies ist mir gut verständlich – daß Teilnehmer, die so etwas erlebt haben, sich häufig nicht von der Hypothese der unbewußten Muskelbewegungen und den anderen vorgenannten Erklärungen überzeugen lassen und lieber an ihren Geistervorstellungen festhalten. Die Geisterhypothese ist eben anschaulich, die wissenschaftliche Deutung höchst abstrakt.

Ab und zu kommt es vor, daß eine Zeitung mich in die Redaktion einlädt, Leseranrufe zum Thema Okkultismus zu beantworten.

Dabei wird deutlich, daß viele Menschen durch Okkultismus verunsichert oder in Not sind und das Angebot an spezieller Information für den Normalbürger schwer erreichbar ist. Bei diesen Telefonaktionen erlebe ich interessante Gespräche. Zum Beispiel rief einmal ein junges Mädchen an, Lernschwester in einem Krankenhaus, und bat um Erklärung. Sie erzählte, daß sie zu Hause mit ihrer Mutter zusammen häufig die Geister rufen würde. Ihre Mutter sei streng katholisch. Die gemeinsamen Sitzungen seien sehr schön, es kämen nur liebe Geister, die ihnen immer gute, angenehme und hilfreiche Botschaften brächten. Jetzt habe sie während des Nachtdienstes im Krankenhaus mit anderen Schwestern Gläserrücken gemacht – und sei ganz fertig. Es kamen böse Geister, die ihnen nichts Gutes wollten und nur obszöne Botschaften gaben.

Deutung: Bei den Sitzungen zu Hause hatte die Mutter die Führung. Der Gläubigkeit der Mutter entsprechend gab es fromme, gute, heilvolle Botschaften. Im Krankenhaus ist dies schon anders, eine freiere Atmosphäre, und der Einfluß der Mutter ist nicht direkt vorhanden. Mir scheint, daß gerade bei der Anruferin selbst verdrängtes Material frei geworden sein könnte, das sie in dieser Situation, und, dem Stand ihrer Erkenntnis entsprechend, nur als obszöne Botschaften unguter Geister erlebt haben konnte. Aufgrund der Erziehung, die ihr durch ihre streng-religiöse Mutter zuteil geworden war, gab es für die Anruferin keine Möglichkeit, ihre sexuellen Phantasien und Wünsche entweder zu akzeptieren oder zu erfüllen. Es blieb ihr zur Umgehung moralischer Probleme nur der Weg der Verdrängung, die (allerdings nicht bewußte) Verbannung aus dem Bewußtsein. Das Gewissen der jungen Frau blieb somit entlastet.

Bei der spiritistischen Sitzung mit Kolleginnen fand sich nun für diese verdrängten Inhalte ein ausgezeichnetes Ventil: Die ich-fremd oder wesensfremd erlebten Botschaften von vermeintlichen Geistern übernahmen den Transport dieser ungelebten Anteile der Persönlichkeit. So brauchte die junge Frau die Obszönitäten in keiner Weise mit sich selbst in Beziehung bringen, sondern konnte mit bestem Gewissen diese „schlimmen Dinge" auf bedrohliche Wesen nach außen verlagern und – selbst „gut" bleibend – als feindliche Äußerung von außen wahrnehmen.

Hier bietet sich ein guter Ansatz für die Beratung.

Wie wir feststellen können, werden nicht nur versenkte Informationen als „Jenseitsbotschaften" ans Licht geholt, sondern es handelt sich häufig um geheime Wünsche, Hoffnungen, Ängste, Komplexe, Befürchtungen ...

Ein weiteres Beispiel dafür, wie unbewußte Ängste beim Spiritismus greifen können:

Stefan, siebzehn, macht in der Clique bei einer Geisterbeschwörung mit. Er ist der Meinung, daß alles Schwachsinn ist – bis das Glas sich bewegt. Jetzt will er es wissen, ruft seine verstorbene Oma und erhält auf seine Frage: Wann werde ich sterben? die Antwort: Mit achtzehn.

Die Frage, wie alt werde ich, was ist, wenn ich sterbe, beschäftigt Stefan seit einiger Zeit und kann sich hier unkontrolliert melden. Bei spiritistischen Sitzungen wird für verdrängte Sorgen leicht ein Ventil geöffnet. Dies ist sicher ein Grund für die so oft gewaltige Angst auslösenden Botschaften wie:

Unfall wird vorhergesagt;

der Freund macht Schluß;

Mathearbeit geht daneben;

du wirst bald sterben usw.

Für die animistische (natürliche) Deutung sprechen weitere Punkte:

1. Die Tatsache, daß sich bei einer Sitzung das Glas bewegt oder nicht, ist keine Frage des Glaubens an Geister. Die Teilnehmer müssen lediglich alle wollen, daß das Glas sich bewegt. Diese Mindestübereinstimmung muß vorhanden sein.

Wie die Erfahrung bei verschiedenen Experimenten durch unsere Mitarbeiter zeigt, reicht zur Verhinderung des Geschehens schon, wenn einer am Glas möchte, daß „es nicht geht". 2. Manchmal hören wir von Sitzungen, bei denen sich stundenlang „gar nichts rührte". Abgesehen von den unter 1. genannten Faktoren setzt sich das Glas erst in Bewegung, wenn sich die Teilnehmer unbewußt einig sind, wem die Führung überlassen wird. Sind alle psychischen Befindlichkeiten gleich stark oder schwach, läuft nichts.

Dazu folgende Erfahrung:

Wir saßen zu viert am Glas und waren im Dialog mit einem „Geist", der angab, um 1700 in Ulm gelebt zu haben.

Als das Telefon klingelte, wickelte ich das Gespräch normal ab, setzte mich wieder an den Tisch, jetzt aber in der Absicht, mich der Teilnahme zu enthalten und genau zu beobachten, wer schiebt (ich dachte noch an mogeln). Da fuhr das Glas zu mir und rührte sich nicht mehr von der Stelle, bis ich den Finger wieder auflegte.

Für mich liegt die Deutung nahe, daß die anderen mir unbewußt die Rolle des Mediums übertragen hatten.

Das sind verborgene Machtkämpfe, die bei allen Sitzungen dieser Art stattfinden – es sei denn, es handelt sich um einen geübten Zirkel in konstanter Zusammensetzung. Dort ist die Frage der Führung grundsätzlich geklärt worden. Die Teilnehmer nehmen Platz, leiten das Ritual ein (Bericht von Frau M.: „Es mußte gebetet werden", S. 97), legen die Finger auf, und das Glas zieht los.

Die Überlegungen und Beweise zugunsten der animistischen Auffassung könnten fortgesetzt werden. Ich wage zu sagen, daß der allergrößte Teil der spiritistischen Phänomene auf natürliche Weise gedeutet werden kann – doch nicht alles, nicht hundertprozentig. Es bleibt ein undurchsichtiger Rest, der bis jetzt auch von der Wissenschaft noch nicht geklärt werden konnte. Wir sind herausgefordert auszuhalten, daß wir heute noch nicht alles wissen, und darauf zu vertrauen, daß im Laufe der Jahre diese geheimnisvollen Geschehen immer weiter erhellt werden können.

4 Warum soll der Opa vom „Himmel" geholt werden? Die Frage nach den Motiven

- Von Frau M. (S. 96ff) wissen wir: „Eine Teilnehmerin von spiritistischen Sitzungen schilderte ihr Erlebnisse und Gefühle so lebhaft und spannend, daß ich neugierig wurde."
- Und Susi (Interview S. 84ff) pendelte, weil sie davon in BRAVO gelesen hatte.
- „Die automatische Schrift erlernte ich von einer Freundin." (Brief einer Betroffenen.)
- „Das Pendeln kannte ich von meiner Oma." Nico, 14.
- Und Sandra, 13, erzählt: „Beim Geburtstag meiner Tante waren zwei Cousins da, die wußten, wie das geht – ich fand das toll."

Diese Beispiele zeigen recht gut, warum man überhaupt zunächst einmal mitmacht. Im Grunde reichen für den ersten Kontakt

- interessante Berichte von Freunden oder in den Medien (wie Bravo, Fernsehen etc.),
- Einladung durch Freunde, Druck der Gruppe.

Hierzu ist keine weitere besonders tiefgründige Motivation erforderlich. Bisher ist bei mir der Eindruck entstanden, daß die allermeisten „Einmal-Wissen-Wollen-Spiritisten" spätestens nach zwei Sitzungen genug davon haben. Ihr Interesse ist abgedeckt, ihre Neugier ist gestillt, man weiß jetzt, wie es geht, die Luft ist raus. Man geht zur Tagesordnung über. Derjenige, der

- mit sich und seiner Lebenssituation einigermaßen in Übereinstimmung ist;
- nicht gerade ein Problem hat, dessen Lösung ihm ernste Sorgen bereitet;
- ein erreichbares Lebensziel vor Augen hat und ansteuert;
- einigermaßen konfliktfähig ist;
- einigermaßen belastbar ist;
- mindestens *einen* Freund hat,

ist kaum gefährdet, in eine spiritistische Suchtkarriere abzugleiten.

Nur – bei wem ist stets rundherum alles in Ordnung?

Die Frage nach der Disposition für eine mögliche spiritistische Karriere darf sich natürlich nicht nur auf die augenblickliche Lebenssituation eines Menschen beschränken, sondern muß selbstverständlich auch von der psychischen Grundbefindlichkeit, von der Persönlichkeitsstruktur her beantwortet werden. Entsprechend disponierte Personen praktizieren spiritistische Sitzungen eher fortgesetzt und erleiden eher Beeinträchtigungen.

Zudem muß beachtet werden, daß durch den „Opa am Glas" der vielleicht lange Zeit verdrängte, ungelebte, nicht entwickelte *Komplex des Glaubens* und somit das Innerste meines Innern, stark und zwingend ins Spiel kommt. Das am Glas erlebte Geist-Gegenüber kann sämtliche Fragen des Menschen nach sich, nach Gott und der Welt aufwerfen.

Sofern in dieser Hinsicht kein Grundwissen und keine Grund-(lebens)einstellung vorhanden ist, somit eine eigene Position und eigenes Material zur Auseinandersetzung fehlen, kann schon die erste Teilnahme an einer „Geisterbeschwörung" sehr danebengehen.

Etwas anderes ist mir durch die Geschichte von Frau S., 29, bewußt und für mich als Berater zur Frage geworden:

Frau S., verheiratet, Hausfrau, Mutter von zwei Kindern (zehn und fünf), lebte ihr Leben so, wie es von vielen Frauen heute gelebt wird: Haushalt, Mann, Kinder, Freunde, Urlaub ... Mit Religion und Kirche hatte sie „nichts zu tun". Erst als das ältere der beiden Kinder zur Erstkommunion kam (der Familie wegen sollte darauf nicht verzichtet werden, und man weiß ja nie, ob nicht doch was dran ist, und die anderen in der Klasse gehen ja auch ...), aber auch im Zusammenhang mit ihrem nahenden dreißigsten Geburtstag tauchten bei Frau S. Fragen nach Leben und Tod, nach Gott und der Welt auf. Vor allem aber war es die Frage des Weiterlebens nach dem Tod, die sie beschäftigte. Mit wem sollte sie darüber sprechen? Ihr Mann zuckte mit den Schultern, als sie ihn darauf ansprach, was er denn dazu meine?

Beim Kaffeeklatsch mit anderen Müttern, morgens, wenn die Kinder im Kindergarten und in der Schule waren, ergab es sich dann, daß Kaffeetasse und Aschenbecher zur Seite geschoben wurden und das *Glas* auf den Tisch kam. Nach anfänglichem Warten – geht es, oder geht es nicht? – wanderte das Glas zum JA. Also doch! Frau S. rief ihren verstorbenen Onkel Reinhold. Er war ihr Patenonkel und zu seinen Lebzeiten immer sehr lieb zu ihr gewesen. Zu ihm hatte sie am meisten Vertrauen. Und es klappte, er meldete sich. Langsam buchstabierte das Glas: *Hallo, kleines Fräulein.* Das traf! So hatte Onkel Reinhold sie wirklich immer genannt. Er mußte es sein, denn im ganzen Kreis wußte ja niemand von dieser Anrede, und sie selbst hatte das Glas wirklich nicht geschoben. Jetzt wollte sie es wissen: Onkel, wo bist du? Antwort: *Im Himmel.* Frage: Wie ist es im Himmel? Antwort: *Eine wunderschöne Landschaft – überall hören wir Gesänge.* Frage: Und was macht ihr da? Antwort: *Wir beten Tag und Nacht.*

Frau S. war überglücklich:

1. über den Kontakt mit dem Onkel;
2. sie wußte jetzt: Nach dem Tod geht es weiter;
3. der Zustand nach dem Tod ist gut.

Und sie fing an zu beten.

Im Beratungsgespräch, das auf Wunsch einer Freundin von Frau S. zustande kam, erklärte sie mir mit größter Überzeugtheit, daß der Kontakt mit Verstorbenen sehr hilfreich sei, da man wirklich die Wahrheit erfahre. Und um dies alles zu bekräftigen: „Ich bin dadurch zum Glauben gekommen." Ja, schon, schießt es mir durch den Kopf. Doch zu welchem? Obwohl ich als Berater Glaubensinhalte in den Gesprächen mit den Klienten nicht beurteile oder als richtig oder falsch einordne, gibt es hier doch einen wesentlichen Punkt zu bedenken: Wenn Frau S. in Gesprächen den Vorgang der spiritistischen Sitzung erhellt und erkennt, daß am Glas gar nicht Onkel Reinhold war, fällt ihr neu erworbener, für sie so wohltuender Glaube in sich zusammen. Ihr würde dann bewußt, daß die tröstenden Botschaften des Onkels lediglich Ausfluß ihrer eigenen Hoffnung waren. Und – sie könnte in einen Abgrund stürzen.

Mit Seelsorgern bin ich dieser Frage nachgegangen und erfuhr sehr unterschiedliche Empfehlungen:

– einmal, Frau S. „um Himmels willen" in ihrem neuen Glauben zu belassen. Besser solch ein Glaube als gar keiner. Immerhin hätte sie jetzt eine Perspektive, mit der sie besser leben könne ...

Also: Nicht daran rühren.

– Zum andern: Das ist kein wirklicher Glaube. Die Qualität des Glaubens müsse in diesem Fall ja schon vom Zustandekommen her in Frage gestellt werden.

Also: Absolut auf Aufklärung hinarbeiten.

– Oder: Das frisch keimende Pflänzchen pflegen und für gesundes Wachstum sorgen, d. h. in annehmenden behutsamen Gesprächen, die in keinem Fall bewertend sein dürfen, versuchen, mit Frau S. die Botschaften von „Onkel Reinhold" zu hinterfragen und ihr zumindest auf den Weg zu eigenem Glaubenswissen zu verhelfen.

Gar nicht so einfach.

Hinzu kommt, daß Frau S. nicht zu motivieren war, einmal ein Glaubensgespräch mit einem Seelsorger zu führen. In den Augen von Frau S. verständlich, denn an die Autorität des verstorbenen Onkels, der ja schon im Jenseits lebt, kann natürlich die eines lebenden Pfarrers bei weitem nicht reichen. Ich war froh, daß Frau S. von sich aus eine Fortsetzung unserer Gespräche wünschte. Sie habe „das eine oder andere, was sie gern mal besprechen möchte".

Sabines Großvater starb unerwartet. Die ganze Familie konnte es kaum fassen. Alle waren sehr traurig, Sabine (fünfzehn) besonders, denn Opa war ihr ein und alles. Er hatte sich immer Zeit genommen, ihr Gott und die Welt erklärt. Bei Sorgen und Nöten war er immer geduldig für sie dagewesen und hatte sie nie ausgeschimpft. Alle in der Familie hatten Schwierigkeiten, mit dem Verlust fertig zu werden. Sie dachten nicht daran, sich besonders um Sabine zu kümmern, da „sie ja ein so fröhliches, lebenslustiges Kind ist".

Sabine aber war unendlich traurig und empfand ein riesiges Loch. Ihre Freundin wußte Rat. Angeleitet durch BRAVO wurde der Opa mit dem Glas gerufen, und „Opa" kam. Sabine war außer sich vor Freude. Opa sagte ihr, daß er sie auch jetzt liebhabe; sagte, sie solle gut lernen; und er sei immer bei ihr. Die nächste Mathearbeit wurde eine zwei. Klar, Opa hatte versprochen, ihr dabei zu helfen. Nun war für Sabine die Welt wieder schön.

Nur nicht sehr lange. Denn bald brauchte sie das Glas nicht mehr, wenn sie mit Opa sprechen wollte, sie hörte seine Stimme. Wieder ein paar Wochen später sah sie den Großvater Tag und Nacht. Angst und Fieber stellten sich ein.

Der fehlende Trost nach dem Tod eines lieben Verstorbenen bildete seit Jahrzehnten das klassische Motiv für den Zugang zum Spiritismus. Wie befreiend kann es sein, zum Beispiel vom verstorbenen Partner zu hören: Mir geht es gut, hier ist es schön, ich bin dir nicht böse, ich bin bei dir, ich helfe dir weiterzuleben, ich warte auf dich ...

Immer wieder bekommen wir Anfragen, allerdings in dieser Hinsicht meist von Frauen, die dann den Gerufenen nicht mehr loswerden, den Verstorbenen sogar körperlich spüren und – Angst bekommen.

Spiritismus ist eine äußerst bedenkliche Art der Trauerarbeit und in keiner Weise zu empfehlen.

Er verhindert, daß wir den Vorgang des Loslassens, des Entlassens vollziehen.

So wie wir bei Kopfschmerzen sofort nach der Tablette greifen und bei der Zahnbehandlung am liebsten eine Vollnarkose bekommen möchten, so mögen wir alles, was schmerzt, nicht aushalten, kappen es im Ansatz und verhindern so manchen heilsamen Prozeß – wie den der Trauer zum Beispiel, bei dem es darum geht, den Verstorbenen tot sein zu lassen und ihn in liebendem, dankbarem Andenken zu bewahren.

Wie aus den Beispielen deutlich wird, kann zusammenfassend

gesagt werden, daß Neugier und Abenteuerlust meist Gründe für den ersten Kontakt zum „Jenseits" sind. Man erhofft sich zunächst ein besonderes Erlebnis, reizvoller als normalerweise Erlebbares.

Bei fortgesetzter spiritistischer Betätigung sind weitere Beweggründe zu erkennen, wie Suche nach Wissen (Lebens- und Glaubenswissen: die im Himmel wissen es besser, sie haben den Überblick), Angst (vor der ungewissen Zukunft, vor dem Sterben, vor Fehlentscheidungen usw.).

Viele Menschen sehnen sich heute nach einer gewissen Einfalt in der Vielfalt. Ganze Bereiche unseres Lebens sind unüberschaubar geworden. Irgendwie leben wir ständig in einer Entscheidungssituation. Waren unsere Großeltern durch Familienzusammenhang und Tradition im wesentlichen „gespurt", muß doch heute jeder Mensch seinen Weg selbst mit einem hohen Maß an Eigenverantwortung herausfinden. In seiner Entscheidung liegt ungeheuer viel, was den Arbeitsbereich (allein schon die Wahl des Berufes) angeht, den Aufenthaltsort, die Partnerwahl, die Freizeitgestaltung, seine Weltanschauung und die religiöse An- oder Nichtanbindung. Gerade in dieser Hinsicht wird deutlich, daß wohl noch zu keiner Zeit der Menschheitsgeschichte der Einzelne einer solchen Fülle an Angeboten ausgesetzt war. Er hat ja die Möglichkeit, aus dem Spektrum der traditionellen Glaubensangebote und darüber hinaus bis hin zum letzten indianischen, schamanistischen oder chinesischen Gedanken- und Glaubensgut oder Kult zu wählen. Nur – wie soll er das denn überhaupt leisten können? Entsprechende Hilfestellung steht aus. Und Entscheidungstrainings dieser Art sind kaum Bestandteil unserer Erziehung.

So kann der Geist-Kontakt mich in Entscheidungssituationen entlasten. Wenn mein „Opa" sagt, mit wem ich eine Beziehung eingehen soll, bin *ich* selbst nicht schuld, wenn es schiefläuft. Das entbindet mich natürlich gleichzeitig von der Übernahme der Verantwortung.

Und natürlich ist die Gruppe ein wichtiger Faktor. Motiviert zum Mitmachen durch die Gruppe, kann dann wiederum das

Gruppenerlebnis Motivation sein zum Weitermachen. „Geheimnisvolle, dichte Atmosphäre; alles dunkel, nur Kerzenbeleuchtung; Kribbeln im Bauch – wir fühlten uns wie ein Kreis von Verschworenen", so wird berichtet.

Dazu kommt, daß mir durch die Gruppe eine besondere Bedeutung zugeteilt werden kann: „Wenn du da bist, geht es besonders gut." Na, wie fühle ich mich denn da, wo höre ich so etwas sonst – im Jugendheim, in der Schule, im Beruf? Und in der Gemeinde wohl auch kaum. Jedenfalls erlebe ich mich angenommen, wichtig, bedeutungsvoll und geborgen.

Alle in dieser Betrachtung angesprochenen Motive deuten auf Defizite hin, also Mängel
– im Erleben meiner selbst;
– im Beziehungsbereich;
– im Arbeits- und Glaubensbereich.

Aus Spiel wird Ernst

Die Formulierung habe ich mit Bedacht für meine Vorträge zum Spiritismus gewählt. Es ist ein Spiel mit der Psyche, die unendlich empfindsam reagiert und dabei so stark sein kann, daß sie den sonst zumindest mitbestimmenden Kopf mit einem Kick ins Aus befördert.

Wir sollten uns viel zu schade sein, um uns im Interesse von Sensation und fragwürdigem Lustgewinn solcher Gefährdung auszusetzen. Wer kann schon mit Sicherheit einschätzen, wie labil, wie anfällig oder auf welche Weise disponiert er vielleicht gerade zu der Zeit ist, in der er mit spiritistischen Sitzungen experimentiert? Oder wie labil ist er grundsätzlich?

„Mir kann nichts passieren", ist eine denkbar schlechte Einstellung, waghalsig und ungeschützt.

„Schon bald waren wir süchtig, abhängig und riefen Vater bei jeder Gelegenheit. Alles haben wir mit ihm besprochen, Alltags- und Lebensfragen, und bald brauchten wir das Glas nicht mehr, denn mein Mann hörte Vater in sich sprechen", erzählte eine junge Frau.

Aus Spiel *wurde* Ernst – wie dieses Beispiel erkennen läßt.

Neben Abhängigkeit, Angst- und Depressionszuständen kann es zur Entfernung aus der Realität bis hin zum totalen Realitätsverlust kommen. Man spricht dann von der *mediumistischen Psychose.* Dieser Begriff wurde 1919 vom Psychiater Henneberg geprägt und von Bender übernommen. Die mediumistische Psychose ist gekennzeichnet durch akustische Halluzinationen (Stimmenhören) oder optische Halluzinationen (Visionen, d.h. die Geister werden gesehen) sowie durch quälende Zwangsantriebe. Das ist eine Erkrankung. Diese Psychose ist eine Art Persönlichkeitsspaltung, die, oberflächlich gesehen, leicht mit einer Schizophrenie verwechselt werden kann. Es handelt sich jedoch bei dieser Art von Erkrankung nicht wie bei der Schizophrenie um „eine den Kern der Persönlichkeit angreifende Grundstörung", sondern, wie Bender sagt, um eine „funktionelle Desintegration" der Persönlichkeit, die heilbar ist.

So weit muß es jedoch gar nicht kommen. Viel früher beginnen die Gefahren. Angst, Unruhe, schlechte Träume, Schlafstörungen können das Alltagsgeschehen oder die Nachtruhe stark beeinträchtigen und zur Schwächung des Allgemeinzustandes führen.

Die Aussage: „Opa weiß, wer zu mir paßt" zeugt vom Verlust an Selbständigkeit, von Fremdbestimmung durch „Geister". Zuweilen wird gerade diese Hilfe durch das Jenseits besonders beglückend und als Entlastung erfahren. Aber drückt dies nicht eine große Not aus, gibt Zeugnis von einem wenig ausgeprägten Selbst-bewußt-Sein, von großer Unsicherheit, von fehlendem Gespür für sich selbst und seine eigentlichen Wünsche und Vorstellungen; vom Unvermögen, Entscheidungsprozesse durchzutragen; von fehlender Traute, ja oder nein, so oder anders, zu sagen?

Wenn ich der Botschaft glaube, daß ich bald sterbe, was soll ich da denn noch planen – Bewerbungen schreiben – für meine Gesundheit sorgen – meine Beziehungen pflegen? Alles ist egal, und ich lasse automatisch die Flügel hängen. Und bald werde ich schon Beobachtungen machen, die diese Geisterbotschaft bestätigen. Die „selbsterfüllende Prophezeiung"

(s. S. 41f) kommt in Gang. Soll ich warten, bis es soweit ist? Suizidgedanken tauchen auf.

Bei einer spiritistischen Sitzung können die tiefen, normalerweise verborgenen Schichten in uns aktiviert werden und Inhalte freigeben. Wir können dadurch z. B. mit verdrängten Trieben und Emotionen in Kontakt kommen, die uns leicht aus dem Gleichgewicht werfen, da wir im Umgang mit dem Unbewußten nicht geübt sind. Weiter kommt dazu, daß diese bisher verborgenen eigenen Inhalte als ich-fremde Botschaften erlebt werden und, durch die spiritistische Auffassung gefördert, sehr leicht „Geistgestalt" annehmen.

Ich möchte folgende These aufstellen:

Jeder „Geist" steht für ein Problem.

Aus der Beratung wissen wir, daß keinem Menschen auch nur *ein* „Geist" ausgeredet werden kann und darf. In dem Maße allerdings, wie wir ihm helfen, sein Leben anzuschauen, seine Probleme zu erkennen, und ihn nach Möglichkeit bei der Lösung unterstützen, kann er Geist für Geist entlassen. Unsere Arbeit findet sozusagen hinter den Kulissen statt. Wir greifen weit hinter die Schaubühne der spiritistischen Sitzung und versuchen, den Ursprung des Problems dort zu finden. Meine Beobachtung: Ich habe noch niemanden erlebt, der durch spiritistische Betätigung einen Zuwachs an Persönlichkeit erfahren hat. Auch ohne erkennbar entstehende Beeinträchtigung werden Interesse und Kraft gebunden, die, anders eingesetzt, fruchtbar werden könnten.

III Die Suche nach besonderer Macht: Weiße und Schwarze Magie – Satanismus

Insider unterscheiden zwischen Weißer Magie, die sich guter, hilfreicher Geister und Mächte bedient, und Schwarzer Magie, die den dunklen, bösen Mächten, Satan, Dämonen oder Luzifer anhängt.

Wie die Praxis der Magie zeigt, kann die Grenze nicht sauber und zuverlässig gezogen werden. Ich erinnere an meinen Besuch bei der Hellseherin. Die meterhohen Marienfiguren gaben Zeugnis davon, daß sie eine Weiß-Magierin sein will. Mit Unterstützung von Maria („Ist doch eine tolle Frau", sagte sie mir dazu) erledigt sie ihre magischen Aufträge – und versucht sie sogar Ferntötungen!

Weiß oder schwarz – okkult ist beides, da es darum geht, sich die andere Wirklichkeit verfügbar zu machen.

1 Hexen

Das gesamte Spektrum magischen Denkens und Handelns finden wir nicht nur im Wahrsage- und Hellseh-Bereich, sondern vor allem bei den Hexen.

Da in den Medien seit 1984 immer öfter die „Hexe" auftaucht, möchte ich hier kurz darauf eingehen. In unserer Beratungsstelle ist das Thema bisher nur als Randproblem aufgetreten. So kamen einzelne Frauen zu uns, die bei sich „besondere Fähigkeiten" entdeckt hatten und vermuteten, „Hexe" zu sein;
– so waren es ab und zu einzelne Mädchen, die, verunsichert durch Erfahrungen bei okkulten Praktiken, bei uns Be-

ratung erbaten und nebenbei erzählten, in Richtung „Hexe" interessiert oder geneigt zu sein;

– so erreichen uns immer wieder einmal Hilferufe von Menschen, die sich durch das Wirken einer „Hexe" beeinträchtigt fühlen;

– so gehen Anfragen aus der Bevölkerung bei uns ein, wenn Bildungseinrichtungen sich mit der Thematik auf eher werbende Weise befassen, z. B. in einer Volkshochschule ein Kurs zur Wiederentdeckung der „Hexenmusik" angeboten wird;

– und so taucht sehr vereinzelt bei uns in der Beratung das Mädchen, die Frau auf, die im Satanismus bei den Ritualen (z. B. der Schwarzen Messe) als „Hexe" (auch Opferschale für Satan genannt) dient.

Die Herkunft des Wortes Hexe ist nicht eindeutig nachweisbar. Im „Lexikon des Geheimwissens"[36] steht u. a.:
„Hexen, von (althochdeutsch) hagazussa, verkürzt hazus, hazis, hazissa (mittelhochdeutsch) Hecse, hexse, hesse, eine Zusammenziehung, in welcher ‚hag' = Rodung, Feld und Flur, der Rest ‚die Schädigende' bedeutet. Hexen also ‚die den Hag Schädigenden'. Nach anderen sind unter Hexen (von hag + disen oder idisen, hagedissen) ‚Waldfrauen, Waldgöttinnen' zu verstehen." Der Hexenglaube hat wahrscheinlich vorchristliche Wurzeln. Im Mittelalter waren Hexen „Heilerinnen, Hebammen, weise Frauen, Naturheilkundige". Erst später wurde die Hexe in einen festen Bezug zum Teufel gebracht und verfolgt.
Heute scheint es in bestimmten Frauen-Kreisen irgendwie als schick zu gelten, wenigstens ein kleines bißchen *Hexe* zu sein. Ich bin sicher, daß mehr dahinter steckt als ein Modetrend. Ich meine schon, daß Hexe etwas vom Denken, Empfinden und vor allem von der Suche heutiger Frauen z. B. nach Selbstverständnis spiegelt. Es werden Frauenlokale eröffnet, die sich Hexenhaus, Hexenkneipe, Hexkate ... nennen, und Frauen bezeichnen sich heute selbstbewußt als Hexe.

Manche gehören hierarchisch strukturierten Gruppen an, andere sind als Einzel-„Hexen" tätig.

Eine Richtung der neuen Hexen hat ihren Nährboden im Radikalfeminismus. Die Begründung dafür liegt für die Frauen in der Unterdrückung durch den Mann, der ihre Stärke nicht zulassen will. Sie wollen ihrer eigenen weiblichen Kraft und Macht vertrauen. Das Thema Hexen sei hier nur kurz angerissen, da wir in unserer Beratungsstelle sehr selten damit zu tun haben. Es ist ein Kapitel, das nicht nur in den Bereich „Okkultismus", sondern fast stärker noch in den nicht genau zu beschreibenden und bisweilen diffusen Bereich „Frauenemanzipation" und „New Age" gehört.

2 Ferntötungen durch schwarzmagische Okkulthexen

Im Dezember 1989 war in der Freizeit-Revue ein Interview mit Ulla von Bernus, der ehemaligen „deutschen Oberhexe", die in Bad Harzburg ansässig ist, abgedruckt. Ich möchte dieses auszugsweise wiedergeben:

Frage: „Hexen Sie immer noch Menschen tot, Frau von Bernus?"

Antwort: „Durch meinen Pakt mit dem Teufel kann ich unliebsame Menschen ins Jenseits befördern. Aber ich sage nur, ich kann ...

Wenn ich einem Mann den Tod wünsche und der fährt in New York gegen einen Baum, ich aber liege auf meinem Bett zu Hause – wer will mir nachweisen, daß ich ihn umgebracht habe? Und wo steht der Paragraph, der mich verurteilen könnte?"

„Ich bin Satanistin, das ist meine Religion."

„Ich glaube an das Böse."

Frau von Bernus hat vor allem durch zwei Fernsehauftritte (1984 im ZDF, 1985 im österreichischen Fernsehen) ungewöhnliche Bekanntheit erreicht. Glaubt man Zeitungsberichten, soll es in Deutschland 2500 Hexen geben, die von sich sagen, mit dem Satan im Bund zu sein und mittels magischer Kräfte andere beeinflussen zu können. Sie behaupten damit genau das, wofür man sie seit der Hexenverfolgung beschuldigt hat.

Frau von Bernus' Preise für ihren Zauber sind zauberhaft: Zusammenführung oder Trennung von Menschen: 3.000 DM. Lösung anderer Probleme auf magischem Weg! Honorar nach Abklärung des Falls 10.000 DM (dem Hörensagen nach auch 30.000 DM).

Das aber nur gegen Bargeld oder Vorkasse. Befragt, was „Abklärung des Falles" bedeute, sagt sie: „Ich brauche ein Foto des Menschen, den Wohnort und eine genaue Beschreibung der Wohnung. Stelle ich fest, daß der Mensch einen guten Charakter hat, lehne ich den Auftrag ab. Schlimmes tue ich nur schlechten Menschen an."

Kommentar

– Ich möchte mich nicht auf Frau von Bernus' Beurteilung von Gut und Böse verlassen. Sie hat sicher ein eigenes ethisches Wertverständnis.

– Frau von Bernus dürfte ihre „Hexerei" ein beachtliches Vermögen erbracht haben. Hat jemand 10.000 DM für die Beseitigung einer Person bezahlt, wird bei Mißerfolg wohl kaum ein Anwalt eingeschaltet werden, um die Durchführung der Tötung oder Rückgabe des Geldes einzuklagen. Lediglich in einem Fall ist mir bekannt, daß Frau von Bernus für ein nicht gelungenes durchgeführtes Zurück-Hexen eines Geliebten per Gericht zur Zurückzahlung von 3.000 DM verurteilt wurde.

Wie Frau von Bernus, inzwischen eine betagte Dame, mir anläßlich einer Begegnung in einem Fernsehstudio erklärte, habe sie sich bekehrt und sei nun Christin geworden.

Funktioniert Ferntötung wirklich?

Gelungene Ferntötungen sind mir nur aus Eigenberichten der Okkultisten bekannt. Überprüfungen aus medizinischer, parapsychologischer oder juristischer Sicht konnte ich nicht ausfindig machen.

Das *Angebot* der Ferntötung wie auch das der Fernbeeinflussung und des Schadzaubers gehört in den Bereich der Kriminalität.

Niemand wird durch magische Beeinflussung durch eine Hexe zu Tode kommen, es sei denn, der zu Tötende ist außerordentlich labil.

Wenn ein solches Opfer direkt durch den Auftraggeber eine Mitteilung erhält, wie solche: „Ich habe eine Hexe mit deinem Tod beauftragt, du wirst sterben ...", oder durch anonyme Anrufe Kenntnis von der Absicht der Tötung erhält, kann der Betroffene so verunsichert sein, daß das Phänomen der „selbsterfüllenden Prophezeiung" unverzüglich wirksam werden kann.

Etwaige unglückliche oder fragwürdige Alltagsereignisse oder Zufälle werden sofort als Bestätigung der Androhung und als beginnende Wirksamkeit gedeutet.

Eine junge Frau erzählte mir in einem solchen Fall in der Beratung, daß ihr jetzt schon dreimal eine Drossel nachgeflogen sei. Jemand anders rief aufgeregt an, weil nun zum wiederholten Male eine Krähe auf der Terrasse gesessen hatte und er das böse „Omen" daraufhin mit einer Schaufel erschlagen habe. Jemand nimmt eine bestimmte Automarke (z. B. schwarzer Golf) „ständig" hinter sich wahr, oder an der Haltestelle hat ein Mann so „auffällig geschaut": typische Beispiele für veränderte Wahrnehmung. Der Betroffene klinkt sozusagen aus der Realität aus und stellt sich selbst die Bestätigung der Echtheit der Bedrohung her. Panische (oder magische) Angst ist die Folge. Psychosomatische Beschwerden setzen ein, Herzjagen, Schwindelgefühle, Magenkrämpfe, Konzentrationsstörungen – alles Beweise, daß der Zauber schon im Gange ist. Die teuflische Spirale zieht zu.

Frau von Bernus hat uns gewissermaßen die Brücke gebaut; wir sind mit ihr mitten im Dschungel des tiefsten schwarzmagischen Okkultismus angelangt, beim Satanismus.

„Es war einmal", so beginnen alle Märchen. Auch das Märchen vom Teufel mit dem Pferdefuß und den Hörnern. Ekelerregender Gestank, rote Farbe und abscheuliche Gestalt sind Attribute mittelalterlichen Aberglaubens.[37] Heute natürlich nicht mehr – oder doch?

Gehen wir der Frage nach:

Wie wird Satan heute gesehen?

Ich lade Sie ein, eine Minute nicht weiterzulesen, sondern in sich hineinzuspüren: Was ist da – wenn Sie an Satan denken? Haben Sie ein Bild von ihm – wie sieht er aus? Oder nur Gefühle – Fremdheit – Abwehr, Widerwillen oder Angst?

Auf die Frage: „Was wissen Sie vom Teufel?" gaben Schülerinnen einer Berufsschule im Ruhrgebiet im Alter von 16 bis 21 Jahren 1989 im Religionsunterricht an:

Personifizierung des Bösen, das Böse, böser Mensch – das Böse im Menschen – Macht des Bösen – Gegenteil von Gott – Herr der Hölle – lebt im Jenseits – Teufelsmessen – Schwarze Magie – Pferdefuß – Hörner – Schwanz – rote Augen – roter Körper – Seelenjäger der Menschen – macht angst und neugierig – treibt Menschen zu Geisterbeschwörungen – versucht, Menschen vom Gottesglauben abzuhalten ...

Ihre Vorstellung beruht nach eigenen Angaben schwerpunktmäßig:

– auf Märchen (in denen der Teufel ja häufig eine Rolle spielt);
– auf Zeitschriften, Fernsehen und Videos (z. B. „Tanz der Teufel");
– auf Erzählungen von Freunden und Bekannten.

Auf die Frage, was der Teufel in unserer Zeit für eine Rolle spiele, antworteten sie:

– Menschen glauben an ihn, beten ihn an, wollen ihm dienen;
– Menschen verachten ihn;
– der Teufel wird als Druckmittel benutzt (z. B. bei Kindern);
– Menschen fürchten sich vor ihm, bekommen Wahnvorstellungen;
– Sekten beschwören den Teufel;

– der Teufel spielt eine große Rolle bei Jugendlichen, vor allem was Rockmusik angeht;
– er macht viele Menschen böse, veranlaßt sie zu bösen Taten.

Auf die Frage, was der Teufel mit dem christlichen Glauben zu tun habe, kam die Antwort:
Der Teufel wird als Gegenpol zu Gott verstanden. Er will die Christen zum Bösen verführen.

Hier wird ein sehr naives Verständnis vom Teufel deutlich. Vertreten wird die Auffassung, daß alles Negative, was in der Welt geschieht, Werk des Teufels ist.
Durchforschen wir unseren Sprachgebrauch, entdecken wir, daß wir Satan oder Teufel durchaus auch zur Bekräftigung letztlich positiv gemeinter Aussagen heranziehen, z. B. in Sätzen wie:
Es schmeckte teuflisch gut.
In der Frau steckt ein Teufel.
Er fährt wie der Teufel.
Satansbraten,
höllisch gut.
Wie wir sehen, werden solche Aussagen im Sinne von „brisant, risikoreich, heldenhaft, mutig, stark, klug" verwandt, allerdings nicht nur. Es wird in allen diesen Sätzen auch eine Ambivalenz ausgedrückt. Die Frau, in der „der Teufel steckt", kann einem u. U. höchst gefährlich werden. Und der Satz: „Er fährt wie der Teufel!" Wie verkehrssicher und aufmerksam fährt wohl dieser Fahrer? Aber letztlich drückt man damit doch einen gewissen Respekt und Bewunderung aus oder eben höchstes Lob, wenn z. B. von „Teufels guter Küche" gesprochen wird.
Religionsgeschichtlich ist die Vorstellung von einer wesenhaft bösen Macht, die als ein Gott oder Dämon personifiziert wird, verbreitet. Auch in der Heiligen Schrift und der Glaubenstradition der Kirche ist die Vorstellung vom Teufel als einer übermenschlichen Macht selbstverständlich. Allerdings kann man zugleich beobachten, wie die Vorstellungen sich im Laufe der Geschichte ändern.

Mit „Teufel" wird in den Übersetzungen des Alten und Neuen Testaments das griechische „diabolos" (Durcheinanderwerfer, Verwirrer) wiedergegeben, woraus das deutsche Wort „Teufel" entstanden ist. „Satan" ist die hebräische Bezeichnung für „Teufel" und meint: Ankläger. Im „Bibeltheologischen Wörterbuch" heißt es unter dem Stichwort „Satan": Im Alten Testament begegnet uns Satan bei Zacharias (3, 1-5) als Ankläger, vor allem aber im Buche Ijob. Hier spielt er die Rolle des himmlischen Staatsanwaltes, ist also nicht Widersacher Gottes, sondern der Menschen. Er zählt zu den „Söhnen Gottes". Seine Aufgabe ist es, die Erde zu durchstreifen und die Menschen zu überwachen (Ijob 1, 7; 2, 2). Er ist dabei jedoch nicht nur Ankläger, sondern Verleumder und vor allem Versucher, der ein doppeltes Ziel verfolgt: Auflehnung des Menschen gegen Gott – und dessen Verderben. Hier werden wesentliche Züge des alttestamentlichen Satansbildes deutlich; er ist kein ebenbürtiger Partner Gottes, kein „Widergott", sondern Geschöpf, Diener Gottes, der stets einer göttlichen Erlaubnis bedarf, um seine unheilbringenden Pläne (Naturkatastrophen, räuberische Überfälle, Krankheit ...) auszuführen.[38]

Im späten Judentum ist er der einst von Gott abgefallene und mit seinem Anhang aus dem Himmel gestürzte Engelfürst, der zum Gegner Gottes und Verführer des Menschen wurde. Das Neue Testament setzt die jüdischen Vorstellungen voraus. An den meisten Stellen der Heiligen Schrift, die vom Teufel handeln, ist dieser der Versucher und Verderber der Menschen. In dieser Weise steht er auch hinter dem Sündenfall der ersten Menschen. Als Versucher tritt er in den Evangelien auch Jesus am Anfang seines öffentlichen Wirkens entgegen.

Jesus hat wiederholt vom Satan gesprochen. Nicht nur seine Botschaft, sondern auch sein Wirken (z. B. sein exorzistisches Handeln) geben Zeugnis davon. Jesus greift dabei die Satansvorstellung seiner Zeit auf und macht mit dieser theologische Aussagen.

Die Katholische Lehre sagt heute wenig über den Teufel. Gut

geschaffen, sei er durch eigene Schuld schlecht und ewig verworfen worden. Er bleibt aber stets Gott unterworfen und ist seit Jesu auch grundsätzlich entmachtet.

Allerdings sagt Papst Johannes Paul II. in den Katechesen (1986):

„Auf der ganzen Erde pervertieren heute Teufelsanhänger menschliches Denken. Es gibt keine Perversität, die ihnen nicht einfiele. Was treibt diese Menschen zu Magie, Wahrsagerei, Hexenwahn und Satanskult?" Die Antwort: „Der Teufel ist eine Wirklichkeit."

Der „Katholische Erwachsenen-Katechismus" äußert sich folgendermaßen: „Macht und Ohnmacht der bösen Geister werden in der Bibel vor allem im Zusammenhang des Auftretens Jesu deutlich. ... Mit Jesus ... kommt der Stärkere, der den Starken besiegt. In ihm bricht die Herrschaft Gottes an, weil er in der Macht Gottes die Dämonen austreibt. ...

Die kirchliche Lehre liegt auf der Linie des Schriftzeugnisses. (Das Böse) kann ... nur auf Geschöpfe zurückgehen, die von Gott gut geschaffen, aber durch eigene Entscheidung böse geworden sind. Nach kirchlicher Lehre gibt es also nicht nur das Böse, sondern auch den Bösen bzw. die Bösen (die bösen Geister). Dies sind trotz allem nur endliche, von Gott geschaffene, insofern bleibend von ihm abhängige Größen. Ihre unselige Herrschaft ist durch Jesus Christus gebrochen und wird durch das Wirken des Heiligen Geistes immer mehr überwunden."[39]

Im Evangelischen Erwachsenen-Katechismus heißt es u. a.: „Was meint die Kirche, wenn sie vom Teufel redet? Es ist eine Erfahrung, daß das Böse schlechterdings nicht mit vernünftigen Gründen erklärt werden kann. Es ist mehr als die Summe aller einzelnen bösen Taten und üblen Erfahrungen, es ist wie eine Macht, die über das Menschenmögliche hinausgeht."[40] Die Frage stellt sich: Satan als „personales Wesen" oder als „Verkörperung des Bösen"? Nachdem lange die „personale" Deutung fast selbstverständlich war, treten die Argumente für das Verständnis des Teufels als das wirkende Böse häufiger auf. In die allgemeine Betrachtung mit einzubeziehen ist die Tatsache, daß sich in den meisten Religionen ähnliche Gestalten wie der Teufel oder Satan wiederfinden. Auch dort sind es meist Repräsentanten des Bösen.

4 Der praktizierte Satanismus

Erwähnt werden satanistische Geheimkulte in Gerichtsprotokollen z. Zt. Ludwigs XIV. in Paris. In höheren Gesellschaftskreisen wurden Schwarze Messen abgehalten (blasphemisch-obszöne Rituale), die dazu dienen sollten, mit Satanskraft Menschen zu töten bzw. erotische Beziehungen zu stören oder herzustellen. Bei diesen Riten ist das Blut von ermordeten neugeborenen Kindern verwendet worden. Weiter half man der Magie mit Gift nach, z. B. um Nebenbuhler zu beseitigen. Im 18. Jahrhundert lebte der Satanismus im Untergrund weiter. Im 19. Jahrhundert zeigte er sich mehr in Dichtung und Literatur, Satan als Befreier der Menschen von Zwängen der Kirche und Gesellschaft bzw. der überkommenen Moral, z. B. Charles Baudelaire's „Satanslitaneien", de Sade oder Huysmans „Schwarze Messe des Kanonikus Docre".[41]
Hier bildete sich ein sogenannter *Protestsatanismus* heraus. Er geht von einer christlichen Grundlage aus, seine Anhänger wollen sich aber mit Satan in seiner Auflehnung gegen Gott und Jesus Christus zusammentun, ihre Rebellion mit seiner vereinigen.

5 Aleister Crowley und der Neosatanismus

Im 20. Jahrhundert entwickelten sich dann satanistische Bewegungen, die sich in der Regel auf den Engländer Aleister *Crowley* (1875 – 1947) beziehen. Aleister Crowley gilt als Begründer des *Neosatanismus*.
Schauen wir uns Aleister Crowley selbst, sein Leben und seine Lehre an[42]:

„A. Crowley, Sohn eines Braumeisters und Plymouth-Bruders (‚Exclusive Plymouth Brethren' = streng fundamentalistische Darbysten – eine puritanische Sekte) verbrachte sein Leben damit, von Gipfel zu Gipfel zu stürmen und magische Rituale zu zelebrieren. Er war der Ansicht, daß er von einer anderen Welt, mehr als ein Gott, als ein Mensch, ein Übermensch sei. Parallel zur Vielfalt seiner früheren Existenzen verlief eine einzige kontinuierliche Existenz, nämlich die als Meister einer höheren Ebene."

Seine Mutter haßte er, fühlte sich von ihr physisch abgestoßen. Er bezeichnete sie als eine hirnlose Bigotte, als engstirnigsten, unmenschlichsten Typos.

Crowley betätigte sich zunächst als Dichter, hier befaßt er sich bereits mit sexueller Perversion (wie z. B. Sodomie, die widernatürliche Unzucht mit Tieren). Weiter zeigt sich bereits zu dieser Zeit sein Hang zu jener Sexualmagie, die das Kernstück von Crowleys Praxis werden sollte.

In jungen Jahren wird Crowley Mitglied im *„Golden Dawn"*, einem esoterischen Orden, und befaßt sich dort intensiv mit Magie und Drogen. Er ist fest entschlossen, die Droge zu finden, deren Gebrauch „die Tore öffnen wird zur Welt hinter dem Schleier der Dinge". Er begann Eigen- und Fremdexperimente mit Opium, Kokain und Haschisch. Obwohl er exzessiv seinen sexuellen Neigungen nachging, hielt er von Frauen wenig. „Am besten sollten sie zur Hintertür angeliefert werden, wie die Frühstücksmilch."

Crowley war eine in jeder erdenklichen Weise exzentrische Persönlichkeit; wechselte häufig sein Pseudonym; kannte keine Hemmungen; warf sich in jedes Abenteuer; kannte keine Angst, wahnsinnig zu werden; brauchte zur Anregung schreckliche Erlebnisse; versuchte, sich mit allen Mitteln zu stimulieren, war unersättlich; war sich seiner physischen Existenz kaum bewußt; hatte keine Achtung vor seinem oder eines anderen Körper. Leute, die Promiskuität aus Furcht vor Geschlechtskrankheiten ablehnten, begegnete er mit tiefster Verachtung, behauptete fanatisch, daß Syphilis die Grundlage der Genialität sei ...

In seinen mittleren Jahren beschrieb er selbst seine damalige Persönlichkeit:

„Ich bin dir die Hure, gekrönt mit Gift und Gold, in bunte Gewänder gehüllt, mit Schande befleckt und Blut beschmiert, denn nur aus Geilheit habe ich mich allen hingegeben, denen nach mir gelüstet. Meine Stuprationen (Schänder, Vergewaltiger) habe ich vertausendfacht mit Verführung, Korruption und Erpressung. Mein Fleisch überließ ich der Fäulnis, mein Blut dem Gift, meine Nerven den Qualen der Hölle, meine Gedanken den Hexen. So trug ich Verderbtheit ins Erdenrund."

1904 kam er in Ägypten mit seinem „Schutzgeist" *Aiwass* (eine außerirdische Intelligenz) in Kontakt, der sich Minister des Herrn des Schweigens nannte und ihm an drei Tagen zur Mittagszeit im Zuge eines magischen Rituals das Buch des Gesetzes, „Liber Al vel Legis" (AL) genannt, diktierte.

Somit hatte er sich eine Religion geschaffen.

Thelema war entstanden.

Grundgesetz des neuen Zeitalters wurde: Tu, was du willst, das sei das ganze Gesetz (AL I/40).

Die Grundlehre dieses Gesetzes mit dem ideologischen Leitsatz des Neo-Satanismus[43] wird in einem von Crowley zusammengestellten Gedicht, das auch als sog. Crowley-Charta bezeichnet wird, deutlich:

„Es gibt keinen Gott außer dem Menschen.

1. Der Mensch hat das Recht, nach seinem eigenen Gesetz zu leben:
   zu leben, wie er will,
   zu arbeiten, wie er will,
   zu spielen, wie er will,
   zu ruhen, wie er will,
   zu sterben, wann und wie er will.

2. Der Mensch hat das Recht,
   zu essen, was er will,
   zu trinken, was er will,

zu wohnen, wo er will,
zu reisen auf dem Antlitz der Erde, wie er will.
3. Der Mensch hat das Recht,
zu denken, was er will,
zu sagen, was er will,
zu schreiben, was er will,
zu zeichnen, malen, schnitzen, ätzen, gestalten und bauen,
wie er will,
sich zu bekleiden, wie er will.
4. Der Mensch hat das Recht, zu lieben, wie er will:
‚Auch erfüllet euch nach Willen in Liebe, wie ihr wollt,
wann, wo und mit wem ihr wollt!' (AL, I, 51.)
5. Der Mensch hat das Recht, all diejenigen zu töten,
die ihm diese Rechte zu nehmen suchen.
‚Die Sklaven sollen dienen.' (AL, II, 58.)
‚Liebe ist das Gesetz, Liebe unter Willen.' (AL, I, 57.)

Einige weitere Punkte aus dem Gesetz, die wichtig sind, weil heutige Satanisten sich daran orientieren und danach handeln:

AL III/12: Opfere Vieh, klein und groß, nach einem Kind.

24: Das beste Blut ist vom monatlichen Mond (ist wohl Menstruationsblut gemeint), dann das frische Blut eines Kindes oder Tropfen vom himmlischen Wirt, dann Blut von Feinden, dann das des Priesters oder Anbeters, endlich eines Tieres, gleich welches.

43: Das Scharlachweib soll sich hüten! Wenn Mitleid, Bedauern und Sanftmut ihr Herz versuchen, wenn sie mein Werk verläßt, um mit der alten Süße zu spielen; dann wird meine Rache offenbar. Ich werde mir ihr Kind erschlagen, ihr Herz werd ich entfremden ...

51: Mit meinem Falkenkopf pick ich nach Jesu Augen, da er am Kreuz hängt.

55: Lasset die unbefleckte Maria gerädert und zerrissen werden, um ihretwillen sollen alle keuschen Frauen unter Euch verachtet sein."

Nach Haack[44] sind Crowleys Ideen als eine Mischung aus

neugnostischem Geheimwissen, altägyptischen Traditions-
elementen und indischem Geistesgut anzusehen. Letztlich ist
der Mensch Gott dieser Welt und seinem Willen als einzigem
Gesetz unterworfen. Das alte christliche Zeitalter mit seiner
nach Auffassung Crowleys lebensverneinenden und welt-
feindlichen Religion sollte im neuen Zeitalter, dem „Äon des
Horus", das 1904 mit der „Offenbarung" des *Liber Al vel
Legis* beginnt, überwunden werden. Die wahren Freien, die
Initiierten (d. h. Eingeweihten, Erleuchteten) sind die Vor-
kämpfer zur Befreiung der Welt aus den bisherigen Beschrän-
kungen und Bindungen. In einem neuen Sittengesetz sollten
die überkommenen Gesetze und Moralvorstellungen, die das
Fortschreiten der Menschheit zu einer vollkommeneren Be-
wußtseinsstufe verhindern, aufgehoben werden.
Crowley, der sich selbst nach der Offenbarung 13, 18 als „das
Große Tier" (*the Master Therion* von griech.: *to mega therion*),
bezeichnete, leitete den „Orden Templi Orientis" (OTO) und
nahm nach einer von den Templern verehrten Teufelsfigur
den Namen „Baphomet" an. Er praktizierte seine von ihm
entworfenen sexualmagischen Riten mit blutrünstigen Tieropfern und allen überhaupt nur vorstellbaren Scheußlich-
keiten in seiner Abtei Thelema auf Sizilien (1920 – 1923).
Die „Thelemiten" hatten verschiedene Übungen zu durch-
laufen. Jeder war verpflichtet, das *magical record* (Tagebuch)
zu führen, das dem „Tier" zur Begutachtung vorgelegt werden
mußte. Außenkontakte waren bis auf ein Minimum reduziert. Zeitunglesen war verboten. Immer wenn einer der
Neophyten (= Schüler) das Wort ICH gebrauchte, mußte er
sich mit einem Rasiermesser in den Arm schneiden. Über
seine Anhänger übte Crowley eine grausame und totale
Herrschaft aus. Wenn es seinem Willen entsprach, verurteilte
er sie auf magische Weise zum Tode.[45]
Das Leben in der Abtei auf Sizilien glich einem endlosen
Hexensabbat, und Neuankömmlinge erhielten als Willkom-
mensgruß die Hostien des Crowleyanismus; sie waren aus
„Ziegenscheiße", wie ein Gast bemerkte. Geschlechtsflüssig-
keiten erhielten sakrale Funktion (Praktik entstammt dem

linkshändigen Tantrismus), und Crowley setzte als sogenanntes Ekeltraining den Verzehr von Exkrementen ein. Crowley: „Durch diese Rituale soll sich der Magier die hintergründigen Energien des Kosmos unterwerfen und so seinen Willen immer schrankenloser verwirklichen können. Darüber hinaus sollen ihm die Riten zur Erfahrung seiner eigenen Göttlichkeit verhelfen."

6 Satanismus am Ende des 20. Jahrhunderts

In den Blick gekommen ist der Satanismus dem „Normalbürger" unserer Zeit erstmals, als im Jahr 1969 Nachrichten von rituellen Tötungen an acht Menschen in Kalifornien, u. a. an der Schauspielerin Sharon Tate, aufschrecken ließen. Charles Manson, der sich selbst als Teufel und Christus zugleich bezeichnet, war mit seiner Satansgruppe dafür verantwortlich.

Manson stand in der Tradition von Aleister Crowley. In der neosatanischen *Solar Lodge* des Jean Brayton war er mit Tieropfern und Kindesmißhandlungen vertraut geworden.

Langsam trat der Satanismus dann den Weg in unsere Breiten an. Berichte in den Medien, Kino- und Videofilme sowie die Musikbranche haben den Transfer mitbesorgt.

7 Merkmale des Neosatanismus

Alle thelemitisch orientierten Neosatanisten und Okkultorden haben als Leitsatz die Formel: „Tu, was du willst, soll sein das ganze Gesetz" aus dem „Liber Al vel Legis".

Im heute bei uns auftretenden Satanismus finden wir alle Elemente aus den Bereichen des Aberglaubens, der Magie und des Hexenglaubens.

Vor allem die jungen Satansanbeter glauben an Satan als Person. Bei anderen Satanisten geht es nicht um den „Leibhaftigen". Der Begriff Satan ist vielmehr zum Symbol für eine

Geisteshaltung geworden. Man findet sowohl einen Protest-Satanismus vor wie auch einen Satanismus als Weg des Glaubens.

Die unserer christlich geprägten Gesellschaft eigenen Werte werden ins Gegenteil verkehrt. „Wir haben es mit einer Umwertung von Werten zu tun", sagt Pfarrer R. Hauth, ein Kenner dieser Szene. Was Menschen in ihrem Zusammenleben, aber auch im individuellen Lebensvollzug ordnet, seien es bürgerliche Gesetze, ethische Normen oder religiöse Gebote, wird nun aufgehoben und lächerlich gemacht. Was normalerweise gilt, soll auf den Kopf gestellt werden. So ist es zu verstehen, daß von Satanisten das Kreuz umgedreht wird. Es stellt dar:

Satan   statt Gott
böse   statt gut
dunkel   statt hell
Tod   statt Leben
Haß   statt Liebe[46]

Der Mensch – in christlicher Vorstellung Teil der Schöpfung Gottes – ist im neosatanistischen Denken Gott selbst, absolut autonom.

Mit Hilfe der im Zusammenhang mit der Abtei Thelema beschriebenen crowleyanischen Methoden versuchen die Anhänger, sich von den anerzogenen Wertvorstellungen und Prägungen zu befreien, durch okkulte Praktiken ihre Zukunft in den Griff zu bekommen, sexuellen Lustgewinn zu steigern und Macht über Menschen zu bekommen. Angestrebt ist die Freisetzung von Kräften, die Erweiterung des Bewußtseins und der Zugang zu übersinnlichen Erfahrungen. Ziel ist das Erleben der eigenen Göttlichkeit.

Beliebtes Ritual der Satanisten ist die sogenannte Schwarze Messe. Sie wird zu Ehren Satans weitgehend in Anlehnung an die katholische Meßfeier, allerdings im Sinne der vorgenannten Umkehrung wenigstens teilweise rückwärts gelesen. Die Schwarze Messe wie auch andere satanistische Rituale dienen zwar einerseits der Verherrlichung Satans, doch ist gleichzeitig beabsichtigt, sich Satan gefügig zu machen.

Eine ehemalige Satanistin hat zwei Rituale wie folgt beschrieben:

1. Eine Opferungs- und Schändungsritualmesse

In der Mitte des Raumes stand ein großer viereckiger Tisch. Darum gruppierten sich die sieben Priester. Auf dem Tisch befanden sich ein siebenarmiger Kerzenleuchter, eine goldene Schale, Räucherwerk, ein altes Buch, ein goldenes Messer und eine Hostie (geweiht, aus der Meute werden Leute beauftragt, diese aus Kirchen zu stehlen). Ein Meßdiener hielt ein schwarzes Huhn bereit.

Zunächst sprachen alle ein gemeinsames Satansgebet, daß der „Herrscher der Finsternis" das Opfer annehmen möge. Dann las der Hohepriester Formeln aus dem alten Buch, die außer ihm niemand verstand. Schließlich spießte er die Hostie auf das Messer, und alle sprachen: „Thes, red Biel Itsirhc". (Rückwärts: „Seht, der Leib Christi.") Danach wurde die Hostie in die Schale gelegt, und der Meßdiener brachte das Huhn, welches dann über der Schale geschächtet wurde. Dabei wurde ständig auf die Hostie eingestochen und ein magisches Wort der Opferbereitschaft gemurmelt. Als das Huhn ausgeblutet war, tranken die Priester nacheinander den Blutsaft. Anschließend küßte jeder jeden. Das ganze nahm dann orgiastische Ausmaße an.

2. Eine Magieritualmesse

Auf dem Fußboden wurde ein Kreis mit Kreide gezogen, der mit magischen Zeichen versehen war. In der Mitte des Kreises lag eine Puppe aus Wachs. Am Rande desselben brannte ein magisches Feuer. Der Hohepriester erhitzte darüber eine Säbelspitze. Dabei wurde eine Formel gemurmelt, die die Macht Satans herbeirufen sollte. Alle berührten einander, so daß ein geschlossener Kreis entstand. Als der Hohepriester meinte, daß der Säbel genug über die Flamme gehalten wurde, hob er ihn hoch und zeichnete ein umgekehrtes Kreuzzeichen in die Luft und andere satanische Zeichen. Dann stach er den Säbel mit einem bestimmten Aufschrei in die Wachspuppe.

(Mit dieser Wachspuppe ist eine Person gemeint, die durch dieses Ritual getötet werden soll.) Anschließend ritzte sich jeder mit dem Messer die Hand auf und ließ ein paar Blutstropfen in den Kreis fallen mit den Worten: „Natas ni snu, Nema" („Satan in uns, amen").

Bei näherer Betrachtung der Satanistenszene bietet sich folgende Unterteilung an:
1. Jugendsatanismus, auch Gruftie-Satanismus oder latenter Satanismus genannt;
2. Satansorden/-logen, auch ritueller Satanismus genannt;
3. Vermarkteter Satanismus.

8 Jugendsatanismus

Ein echtes Kind unserer Zeit ist der Jugendsatanismus.
Immer wieder ist zu hören, daß es sich dabei um eine jugendliche Spielerei handle, die nicht ernst zu nehmen sei. Dieser Ansicht ist energisch zu widersprechen, da es sich dabei um eine Szene mit einem hohen zerstörerischen Potential handelt, die sich immerhin unter Ausschluß der Öffentlichkeit vollzieht. In der Beratung hatten wir es bisher mit Jugendlichen zu tun, die mit 12 bis 15 Jahren in Kultaktivitäten geraten waren, vereinnahmt wurden und unter großen Schwierigkeiten nach einiger Zeit den Ausstieg nur mit Fremdhilfe vollziehen konnten.
Wie kommt es dazu?
Ein Beispiel:
Thorsten machte mit Kollegen eine „Geisterbeschwörung" mit dem Glas. Das lief toll – wie er sagt. „Nachdem einmal ein härterer Geist (Dämon) da war, kam Zoff auf, und wir sagten uns, warum nicht mal Satan?" Die vermeintlich mit Satan gemachten Erfahrungen wurden natürlich weitererzählt und kamen an, bei anderen, die noch mehr wußten.
Dies bestätigt auch ein anderer Bericht:
„Ich wollte mit einigen Freunden unbedingt wissen, ob es

Gläserrücken wirklich gibt oder ob es geht, ohne daß man schiebt. Als wir das ausprobierten, hörten wir nebenbei *Slayer (Speed, Black Metal)*. Meine beiden Freunde hörten auch so ähnliche Musik. Der eine hörte auch *Metal* (nur vom härtesten!) und der andere *Cure* ... (auch nicht die Spur von christlicher – kotz – Musik). Also, als wir dann Gläserrücken machten, bekamen wir Luzifer dran, im Nebenraum hörten wir Geklapper und Geraschel. Als wir die Tür aufmachten, kam uns voll der Wind entgegen, obwohl das Fenster zu war. Und die Bibel, die dort vorher dringelegen hatte, aber zu, war auf einmal aufgeschlagen. Das fanden wir total geil und haben dann erst recht weitergemacht. Wir haben dann 'ne ganze Zeit Gläserrücken gemacht, und die Dinge, die wir gefragt haben, sind auch meistens eingetroffen.

Der eine, der auch *Metal* gehört hat, hat jetzt damit aufgehört. Aber wir beiden sind immer noch auf dem Satans-Trip.

Zwei weitere Kumpel von uns sind Satanisten, und die anderen glauben auch nicht an Gott.

Ich muß zugeben, daß ich das Gute verabscheue. Mich (uns) hält nichts vor einer Schwarzen Messe zurück, oder vor anderen Schandtaten gegen die Scheiß-Christen – sondern wir sind für Luzifer. Allerdings, mich umbringen finde ich nicht ganz so toll. Ich sterbe eh früh genug, z. B. an Drogen!

Das soll nicht heißen, daß ich nicht ganz zurechnungsfähig bin. Ich bin ein ganz normales Schülerschwein, das in schwarz rumläuft und alle Christen haßt!

Zu Christen muß ich noch sagen, daß meine Eltern und Großeltern total die Christen sind. Die gehen grundsätzlich zum Bibelkreis und anschließend labern sie mir 'ne Kante ans Knie (kotz)! Mein Opa ist im Kirchenvorstand, und es ist echt nicht auszuhalten: Gott hier – Gott da, Gott überall. Mir haben meine Oma und meine Mutter soviel aus der Bibel vorgelesen, als ich klein war, daß ich sie echt auswendig kann. Nun ist es soweit gekommen, daß ich mich gegen alles, was mit Gott zu tun hat, sträube.

Und ich versuche mit allen möglichen Dingen, meine Umwelt auch auf Satan einzustimmen."

Obwohl angenommen werden kann, daß Eltern und Großeltern in bester Absicht versucht haben ihren Glauben weiterzugeben, haben sie den Jungen damit nahezu erschlagen. Ein erschütterndes Beispiel, wie fatal falsch verstandener oder falsch vermittelter Glaube wirken kann. Z. B. kann Frömmigkeit, die sich weitgehend an Gesetzen und ihrer Erfüllung orientiert, das Seelenleben verhärten und kreative Phantasien abtöten, Erstarrte Frömmigkeit macht krank.

Glauben – recht verstanden – darf keine Qual sein. Es kann sich dabei nur um ein freiheitliches Geschehen handeln, das froh macht. Guter Glaube ist an der befreienden Wirkung erkennbar. Er setzt heilende Kräfte frei. Glaube, der wirklich von innen her selbstbewußt gelebt wird, zeigt sich mit Lust, Kraft, und die Frucht ist Fülle. Er wird auf jeden Fall zur Entfaltung der Person beitragen und die Ausschöpfung des persönlichen Potentials unterstützen. Guter Glaube, der Sitz im Leben eines Menschen hat, wirkt einladend.

Zurück zum Beispiel des jungen Mannes:

Überfüllt und überfüttert von der wortreichen und scheinbar wenig aus der Tiefe kommenden Predigt der Eltern und Großeltern verspürt er nur Abneigung und ist in verzweifelter Abwehr zu dem, was er unter Gott versteht. Er wendet sich nicht einfach ab, er muß seinen Haß, seine Not ausagieren und greift wie ein Ertrinkender nach dem ganz anderen, nach dem, wovor seine Erzieher erzittern – Satan!

Der Einstieg über die spiritistische Satansbeschwörung ist mehr Sache von Jungen. Sie treiben es gern auf die Spitze. Mädchen wird eher unbehaglich, wenn böse Geister „auf den Tisch" kommen, und sie ziehen sich zurück. Allerdings, ist erst einmal Neugier und Interesse erwacht, findet man sich. Wie Heike berichtet: „An dem Mädchen in meiner Klasse war irgendwas Besonderes, ich konnte es mir nicht erklären. Ich habe sie daraufhin angesprochen, wir haben uns angefreundet, und dann hat sie mich mitgenommen."

Anfang einer vierjährigen satanistischen Karriere:

Monika (12) stand nach einem Schulwechsel alleine in der Pause auf dem Schulhof. Von der Straße her kamen vier etwas ältere Jugendliche, alles „Schwarze", wie sie berichtet, auf sie zu und verwickelten sie in ein Gespräch, bei dem es bald um okkulte Dinge ging. Da sie neugierig war, ob dies oder jenes auch wirklich funktioniere, folgte sie der Einladung der vier. Zunächst wurde sie ein paar Wochen lang in allerhand „geheimes Wissen" eingewiesen, bis sie dann zu einer alten Kirche außerhalb der Stadt bestellt wurde. Dort geriet sie am hellen Sommerabend in eine Schwarze Messe mit Kuttenträgern.

Arndt war in der Disco. Seit ein paar Wochen war er *Gruftie*. In dieser Disco treffen sich Grufties von überallher. „Einige waren besonders gut drauf, satanistisch und so ...", erzählt er. Sie kamen auf Arndt zu und haben ihn angesprochen. Heute ist er einer von ihnen, trifft sich mit ihnen auf dem Friedhof, feiert Schwarze Messen.

Bei Anne, Tommy, Kerstin, Andy, Nicole und vielen anderen war der Weg noch kürzer: „Komm mit zum Friedhof – wir machen eine Schwarze Messe."

9 Was geschieht im Jugendsatanismus?

Abgesehen von spiritistischen Satansbeschörungen, wozu z. B. das Kinderzimmer in ein Gruselkabinett verwandelt wird, ist die beliebteste Praktik jugendlicher Satansneugieriger oder -anhänger die Schwarze Messe – oder was immer dafür gehalten wird.

Sie findet statt in leerstehenden Häusern, Kellern, Rohbauten, Lichtungen im Wald, auf „Halde", im elterlichen Partykeller, in Tiefgaragen, der Beliebtheit und der Häufigkeit wegen eigentlich an erster Stelle zu nennen: auf Friedhöfen.

Evi, 15, traf sich regelmäßig in der Freizeit mit anderen im Jugendheim. Dort wurde sie angesprochen, nachts mit auf den Friedhof zu kommen. Als sie zögerte – Friedhof und dann noch nachts – lästerten die Jungen: „Guckt euch die an, die ist feige." Auch Hanno, mit dem sie am liebsten zusammen war, hielt sie also für feige. Evi sagte zu Hause, sie wolle bei einer Freundin schlafen, nahm allen Mut zusammen und ging mit. Am Friedhof war für sie alles gruselig, sie hatte pure Angst. Evi erzählte mir: „Als ich dann noch das warme Blut trinken sollte, mußte ich kotzen und rannte weg." Im Jugendheim konnte sie sich nicht mehr sehen lassen, und ein Junge bei ihr in der Klasse, der dabei war, drohte: „Wenn du petzt, passiert dir was!" Evi hat aus großer Angst „gepetzt", dem Lehrer, der mit ihr zu uns kam. Ihr ist nichts passiert. Selbstverständlich nicht, denn die Gruppe wird sofort vorsichtig, wenn ein Lehrer oder eine Stelle eingeschaltet wird. Für Evi war es sehr wichtig, daß sie bei uns über das Erlebnis und die Angst sprechen konnte. Erleichtert zog sie von dannen, als sie erkannt hatte, daß Satan da gar nicht im Spiel war. Sie fand alles nur noch „eklig und pervers", und von Hanno hatte sie die Nase voll.

Anders bei Claudia. Sie steckte selbst schon tief drin. Mit den anderen war sie jeden Freitag und jeden Samstag auf dem Friedhof. Zuerst trank man Alkohol, nur so viel, bis man auf einem etwas anderen Level war. Dann machte man auf einer glatten Grabplatte Gläserrücken. Sobald das Glas sich bewegte, war klar: Satan ist da. Die Schwarze Messe konnte beginnen. Geopfert wurden meistens Hunde, aber auch andere Tiere, Meerschweinchen oder Katzen. Bis Satan noch ein stärkeres Opfer wollte – einen Menschen. Am achtzehnten Geburtstag von Claudia sollte ihre Freundin für Satan geopfert werden. Der genaue Hergang war exakt geplant: fesseln, knebeln, erstechen. Claudia hielt nicht dicht. Sie vertraute sich einem Lehrer an und ging im Anschluß an unsere Beratung in seiner Begleitung zur Polizei und gab die Namen der Beteiligten an. Natürlich stritten bei der Vernehmung alle ein solches Vorhaben ab – und natürlich passierte dann auch nichts.

Folgende Gemeinsamkeiten sind festzustellen, wie auch immer diese Rituale gestaltet werden:

– teil nimmt ein verschworener Kreis;
– man trifft sich meist an unterschiedlichen Orten (Friedhöfen, in der Natur oder in Gebäuden). Bei Entdeckung oder
Verrat werden sofort neue Ritualorte gesucht;
– man steht als Geheimnisträger unter Verratsverbot bei an-
gedrohter Strafe;
– nicht ungewöhnlich ist die Stimulans durch Alkohol bzw.
Drogen;
– das Ritual beinhaltet die Verehrung Satans, die in der
Opferung eines Tieres (schwarzer Hahn/Huhn, Hund, Katze,
Igel, Taube, Meerschweinchen, sogar Maus) ausgedrückt
wird sowie das Trinken des Tierblutes, oft vermischt mit
einer geweihten Hostie. Dabei kommt es auch bei Jugendlichen, wie uns in letzter Zeit wiederholt berichtet wurde,
immer mehr zu sexuellen Praktiken.

Erzählen Jugendliche von „Schwarzen Messen" ist allerdings
Nachfrage zu empfehlen, was darunter verstanden wird.
Manchmal ist Gläserrücken mit „Satansbotschaften" gemeint. Ein jugendlicher „Satansverehrer" ist in der Regel
auch „Gruftie", obwohl auf gar keinen Fall in jedem Gruftie
ein Satansanbeter vermutet werden darf.
Theoretisches Wissen um Satan ist bei diesem Personenkreis
kaum vorhanden; Aleister Crowley ist immer ein Begriff,
nicht unbedingt seine Lehre; man verfügt eventuell über das
6./7. Buch Mose oder weiß von dessen Existenz und versucht
sich – weil man von den angeblich Erfahreneren davon gehört
hat – in allerhand magischen Praktiken (z. B. Schadzauber
oder Ferntötung).
Bei dieser Art des Satanismus gruppieren sich häufig sehr
junge Jugendliche (Einstieg oft mit 12 bis 15 Jahren) um einen
etwas älteren „Führer", der „mehr weiß", bereits „weiter ist"
und mit seinem geheimen Wissen aus „besonderen schwarzen Büchern" sowie unter Berufung auf die von Satan bereits
erhaltene Legitimation sich machtvoll des satanistischen In-
strumentariums zu bedienen weiß und damit seine Anhänger
zu beeindrucken versteht. Der Anführer hat vielleicht nach

einer „Lehrzeit" in einer satanistischen Gruppe selbst „mei-
sterliche" Ambitionen bei sich entdeckt und lebt diese nun
machtvoll aus.

Seit einigen Jahren wird durch Aussteiger regelmäßig von
älteren „Hohen Priestern" berichtet, die – soweit man der
Beschreibung trauen kann – durchaus zwischen 40 bis 50 Jahre
alt sein könnten. Als Schwierigkeit bei der Identifikation
durch Aussteiger erweist sich regelmäßig, daß kaum einer den
„Meister" je von Angesicht zu Angesicht gesehen hat, da dieser seine Anonymität zu wahren und zu nutzen weiß.

Zuweilen berichten Aussteiger von Verbindungen und Treffen
solcher Gruppen untereinander, etwa zur Feier von gemeinsamen Ritualen an besonderen Tagen und an besonderen Orten.

10 Satansorden und -logen

Allem Anschein nach spielt der Ordens-Satanismus im Ver-
gleich zum ungebundenen Satanismus eine sehr untergeord-
nete Rolle. Beobachter schätzen die Mitglieder organisierter
„Satanslogen" und „-kirchen" im deutschsprachigen Raum
auf höchstens tausend, für Deutschland liegt die Zahl der
vermuteten Mitglieder bei fünfzig, wobei ein Umfeld von
Interessierten und Sympathisanten zu berücksichtigen ist.
Folgende Orden sind zu erwähnen:

„Ordo Templi Orientis" (O.T.O.)

Der O.T.O. wurde im Jahre 1901 durch den Wiener Okkultisten Karl Kellner (1850 – 1905) und dem Theosophen Franz
Hartmann gegründet. Nachfolger Kellners war bis 1921 Theo-
dor Reuß (u. A. Geheimname: *„Merlin Peregrinus"*), der 1912
A. Crowley zum Großmeister des O.T.O. ernannte. Crowley
gründete in der Folgezeit (bis 1919) in Nordamerika einige
O.T.O. Gruppen, deren Reste heute noch bestehen. Nach seiner Rückkehr nach Europa wurde Crowley im Jahre 1922
Leiter der Gesamtorganisation des O.T.O.

Die Arbeit des O.T.O. ist durch Sexual-Magie bestimmt. Das Mitglied durchläuft eine Reihe von Einweihungsgraden. Zunächst sind zur Einführung in die Lehre vier Grade zu erwerben, während die weiteren Grade durch Berufung verliehen werden.

„(First) Church of Satan" (CoS)

Die CoS wurde 1966 durch Anton Szandor LaVey (geboren 1930, ehemaliger Löwenbändiger, Organist und Polizeiphotograph) gegründet. Die „9 Satanic Statesments" dieser „Kirche" heißen:

1. Satan repräsentiert Zügellosigkeit anstelle von Abstinenz!
2. Satan repräsentiert die vitale Existenz anstelle spiritueller Hirngespinste!
3. Satan repräsentiert unbefleckte Weisheit anstelle von heuchlerischer Selbsttäuschung!
4. Satan repräsentiert Gefälligkeit gegenüber denen, die sie verdienen, anstelle von Liebe, die an Undankbare verschwendet wird!
5. Satan repräsentiert Rache anstelle des Hinhaltens auch der „anderen Wange"!
6. Satan repräsentiert Zurechnung der Schuld an die Verantwortlichen anstelle der Sorge um psychische Blutsauger!
7. Satan repräsentiert den Menschen als ein Tier unter anderen, manchmal besser, aber viel häufiger schlechter als jene, die auf allen vieren gehen; und das aufgrund seiner „göttlichen, spirituellen und intellektuellen Entwicklung" das bösartigste von allen Tieren geworden ist!
8. Satan repräsentiert alle sogenannten Sünden, sofern sie zu physischer, geistiger und emotionaler Befriedigung führen!
9. Satan ist schon immer der beste Freund der Kirche, da sie ihn die ganze Zeit über im Angebot hatte!

(nach einer über das Internet verbreiteten Fassung – vgl. Hans-Jürgen Ruppert.)

Die Rituale der CoS haben blasphemischen und obszönen Charakter. Josef Dvorak, ein Vertreter dieser Szene, der sich selbst als Satanologen bezeichnet, schildert die „Schwarze Messe" der CoS so: Als liturgische Musik spielt eine Orgel Werke von Bach oder Palestrina; unter dem Bild Baphomets hängt über der nackten Frau ein auf den Kopf gestelltes Kruzifix. Als Hostie dient ein Rübenschnitzel, das Weihwasser wird durch den Urin einer als Nonne verkleideten Hexe ersetzt ... Im „Gloria" der „Schwarzen Messe" wird Satan verherrlicht als „Domine Satanas, Rex Inferus, Imperator omnipotens".

„Das Vaterunser" wird zu Satan gesprochen und die vom Priester geweihte Rübenhostie wird unter blasphemischen Schmähungen Jesu als Sklavengott bespien und zertrampelt. Der Meßkelch wird den Gläubigen gereicht mit den Worten: „Seht den Kelch der Fleischeslust, der Lebensfreude." Mit dem Satanssegen, bei dem der Priester mit der linken Hand die Teufelshörner formt, endet die „Schwarze Messe" der „First Church of Satan".

LaVey ist der Verfasser der „Satanic Bible" (1969). Die CoS (lt. eigener Angaben im Internet Mitte der 90er Jahre 10 – 20.000 Mitglieder) ist in sog. „Grottos" (Grotten, Höhlen) organisiert. Die Zentrale der CoS befindet sich in San Franzisco. Eine deutsche Niederlassung, die „Totenkopf-Grotto e.V.", befand sich bis 1996 in Dortmund und hat sich angeblich in „Circle of Hagalaz" umbenannt.

Temple of Set

Der Anführer der größten Grotto der CoS, der „Lilith-Grotto", Michael A. Aquino, Oberstleutnant der Reserve, gründete 1975 mit einem Teil seiner Anhänger die Satanskirche „Temple of Set". Er beruft sich auf A. Crowley und gibt an, durch den „Herrn der Finsternis" selbst beauftragt zu sein. Aquino hält den Namen „Set" für den von den Hebräern aus Ägypten mitgebrachten Satans-Namen.

Fraternitas Saturni (FS)

Sie wurde 1928 von Eugen Grosche (1888 – 1964, Logenname: „Gregor A. Gregorius") gegründet und beruft sich ebenfalls auf Crowley und sein „thelemitisches Gesetz". Obwohl Grosche von Aleister Crowley tief beeindruckt war, „kann von keiner Totalidentifikation mit dem Crowleyanismus die Rede sein." Im ganzen gesehen, bietet die „Fraternitas Saturni" einen seltsamen Synkretismus aus den vielfältigsten Quellen: Theosophie, Freimaurerei, Luziferianismus, Astrologie, Crowleyanismus, Sexualmagie des O.T.O., indisches Yoga und mittelalterliche Alchemie. Im wesentlichen sind zwei Elemente deutlich: „zunächst ein gnostischer Erkenntnis- und Einweihungsweg, in dem das ‚luziferianische Prinzip' eine wichtige Rolle spielt, zum anderen die Sexualmystik und die daraus resultierenden sexualmagischen Rituale". „Neben der Sexualmagie gibt es noch eine große Anzahl logenartiger, mystisch-magischer Rituale. 1969 wurde eine Liste mit zwanzig „Sakramenten" veröffentlicht. Viele Rituale enden mit dem Satz: Vernehmet das Gesetz des neuen Äons: „Tue, was du willst! Das ist das ganze Gesetz, und das Wort des Gesetzes ist: THELEMA!" *(Massimo Introvigne/Eckhard Türck)*
Ab 1950 arbeitete Gregorius intensiv am Aufbau seiner Loge, in der es nach seinem Tod zu extremen Auseinandersetzungen kam.

Ordo Saturni

1980 spaltete sich von der „Fraternitas Saturni" der „Ordo Saturni" ab. Unter weiterer Anerkennung der „Fraternitas" will der „Ordo Saturni" eigene Wege entwickeln. In einer Broschüre des Ordens steht: „Der Orden unterstellt sich dem Planetendemiurgen Saturn, denn Saturn ist für ihn nicht der ‚Unglücksbringer', sondern Saturn gibt den einzig richtigen Impuls zu einer wahren esoterischen Evolution. Durch die magisch rituelle Tempelarbeit stellt sich der Orden auf die höhere Sphäre des Saturn ein. Die Aufgabe des Ordens ist, die Brüder und Schwestern aus ihrer Versklavung und Versumpfung des Materiellen zu befreien und sie zur geistigen Vollkommenheit zu führen. ‚Durch Nacht zum Licht.' Mitarbeit im Orden bedeutet somit, an seiner eigenen Höherpolung zu arbeiten, um dadurch einen Beitrag zur Evolution der Menschheit zu leisten."

Trägerverein für den Orden ist die „Esoterische Studiengesellschaft Bersenbrück e.V." Aktivitäten des Ordens sind heute in Dortmund und Aachen bekannt. Der „Ordo Saturni" wehrt sich vehement dagegen, in einen Topf mit Satanismus geworfen zu werden.

Thelema-Orden/Netzwerk Thelema:

Der geistige Führer ist der am 16. 2. 1949 in Berlin geborene Michael D. Eschner. Er befaßt sich seit Jahren mit den Lehren von Aleister Crowley. In der Vereinssatzung des Thelema-Ordens e.V. Berlin wird Eschner als der „vorausgesagte Nachfolger" von Aleister Crowley bezeichnet. Eschner hält sich für die 16. Inkarnation Crowleys und für dessen Erben. Der Orden, 1982 in Berlin gegründet, hat die Verbreitung der Lehren des *Liber Al vel Legis* zum Ziel.

„Bis auf das letzte Rülpsen war das Leben in der ABTEI Thelema in Berlin ein Aufguß von Crowleys Treiben in Cefalu/Sizilien."[47] Urin trinken, Kot essen (als Ekeltraining), Vorlegen des magischen Tagebuches an Eschner, Selbstverletzungen usw. Da die Gruppe in Berlin erhebliche Schwierigkeiten mit den Behörden, Gerichten und Kirchen bekam, ist sie abgewandert und seit Juli 1986 im Raum Lüchow-Dannenberg ansässig. Die Anhänger leben in Wohngemeinschaften. Zentrum ist Bergen/Dumme.

Wie Eschner 1985 in seinem Buch „Netzwerk Thelema – die geheimnisvoll-spektakulären Wege aus der Roboter-Einfalt zur Vielfalt der Erleuchteten" sagt: „Die Abbey Thelema ist aufgelöst. Es gibt jetzt im ganzen Land viele kleine Gruppen" (Evolutionszentren). Laut Eschner ist das „Netzwerk Thelema" im wesentlichen auf den Schriften und Lehren des Magiers und Mystikers Aleister Crowley gegründet.

Ein Verlag (Johanna Bonner u. Co.), eine Druckerei, ein Musikstudio, Konzertagentur, Wahrsagedienst, ein New-Age-Laden sind angegliedert, und man befaßt sich mit Herstellung und Vertrieb von Computer/Hard- und Software, Büromaschinen und Kassetten, Im- und Export sowie der Monatszeitschrift „Netzwerk". Ausbildung bieten ein NEON- und ein IDEE-Institut (Institut für Dynamische Evolutions-Entwicklung) in Form von Kursen zur persönlichen Weiterentwicklung an in den Bereichen Magie, Sexualmagie, Yoga, Runenmagie, Meditation, Tarot usw. Erlernen von Astralreisen, Beschwörungs- und Wahrsagetechniken, Lösung aller persönlicher Probleme, Steigerung der Konzentrationsfähigkeit, Energie, Kreativität, Weltoffenheit, Selbstbewußtsein und Lebenskraft werden verheißen (sozusagen alles ...).

Laut Eschner können Verführung oder Vergewaltigung für den Beteiligten Emanzipation oder Erleuchtung sein, Ehebruch, Inzest und Päderastie (Knabenliebe) können als Mittel zur „Befreiung" und „Initiation" eingesetzt werden, wie Alkohol und andere Drogen. Ehemalige berichten von Pflicht-Alkohol-exzessen im Rahmen der Schulung, von Gehorsamseid an einen zugewiesenen Höherstehenden, von sexuellen Exzessen, sexuellen Zwangshandlungen, Ekeltraining, Körperverletzung (z. B. wurden Zigaretten an der Brust von Mädchen ausgedrückt), Schlafentzug, gefährlichen Meditationspraktiken ... Michael D. Eschner wurde durch die Zweite Große Strafkammer des Lüneburger Landgerichts am 3. 7. 1992 wegen Vergewaltigung, sexueller Nötigung und Körperverletzung zu einer Freiheitsstrafe von sechs Jahren verurteilt. Die Revision wurde am 17. 8. 1992 vom Bundesgerichtshof zurückgewiesen. M. Escher hat mittlerweise seine Haftstrafe verbüßt und befindet sich auf freiem Fuß. Die große Schwierigkeit, warum solchen Leuten wie Eschner das Handwerk so schwer gelegt werden kann, ist die Zurückhaltung Betroffener, Aussagen zu machen. Eine junge Frau in unserer Beratung erklärte: „Ich kann nicht aussagen, aus Scham, daß es schwarz auf weiß geschrieben steht, sozusagen veröffentlicht, aktenkundig wird – und aus Angst vor Verfolgung." Aus Angst wird nicht um Hilfe gebeten, aus Angst wird nicht ausgestiegen, und Angst versperrt den Weg zur Polizei.

11 Der vermarktete Satanismus

Neben dem Jugendsatanismus sowie dem rituell tätigen Satanismus in Orden und Logen existiert eine Szene, die den Satanismus kommerziell zu nutzen weiß. Durch Werbung per Inserat in Magazinen und Pornoheften oder per Mundpropaganda in einschlägigen Kreisen werden „Schwarze Messen" als Sexualmagie zum Ausleben perversester Neigungen für horrende Summen angeboten. Der Glaube an Satan spielt hier nur eine nebensächliche Rolle.

12 Charakteristische Praktiken im Satanismus

In den hier dargelegten Formen des heutigen Satanismus werden die allgemein im Okkultismus angewandten Methoden wie Pendeln, Tarot, Orakel- und Spiritismuspraktiken etc. allesamt eingesetzt, vor allem zur Kontaktherstellung mit Dämonen und Satan und zu deren Befragung.

Schwarz-magische Praktiken

Darüber hinaus handelt es sich im Satanismus überwiegend um „schwarz-magische" Praktiken.
Man glaubt, unter Anrufung dunkler (= schwarzer) Mächte und Wesen vor allem Menschen beeinträchtigen zu können. Beispielhaft hierfür ist der dem Voodoo entlehnte „Puppenzauber". Es handelt sich um ein Ritual, bei dem eine kleine Stroh- oder Stoffpuppe verwendet wird, in die nach Möglichkeit eine Locke oder ein Stück Fingernagel der Person eingearbeitet ist, die beeinträchtigt werden soll. Dazu wird die Puppe unter Verwünschungen mit Nadeln gestochen oder über einem Feuer geröstet. Statt einer Puppe kann auch das

Bild einer betreffenden Person Verwendung finden. Man handelt dabei im Glauben, daß der gemeinten Person dadurch ein Schaden (zum Beispiel Unfall) zugefügt oder sie gar getötet werden könne.

Anleitung zu diversen magischen Ritualen werden zum Beispiel dem 6. und 7. Buch Mose und weiterer „geheimer" Mose- und anderer Bücher entnommen, die regelrecht als Rezepturen für Magie verstanden werden. Mit den absurd anmutenden und vielfach kaum durchführbaren Experimenten erhofft man, sich besondere Fähigkeiten anzueignen beziehungsweise sich Dämonen und Satan gefügig zu machen.

Die im folgenden aufgezeigten Praktiken sind nicht durchgängig durch alle Zweige des Satanismus gebräuchlich. Auch ist nicht selbstverständlich davon auszugehen, daß alle Gruppen die Praktiken in gleicher Weise vollziehen.

Kriminalisierung

Meist noch bevor der Aspirant erstmals am internen Kultgeschehen teilnimmt, werden ihm Mut- oder Eignungsproben abverlangt, die eine Kriminalisierung bewirken. Dadurch gerät der Anwärter in Abhängigkeit, da er jederzeit verraten werden kann und sich somit in der Hand der Kultleute befindet. Dabei kann es sich um Delikte wie Diebstahl, Sachbeschädigung oder Körperverletzung handeln.

Ekeltraining

Der Satanismus verspricht totale Freiheit. Für den Anwärter, der sich auf den satanistischen Schulungsweg begibt, gilt deshalb zunächst, seine Ekelgrenzen zu überwinden, um in dieser Hinsicht zu größerer Freiheit zu gelangen. Ganz im crowleyanischen Sinne bestehen diese Übungen darin, Kot zu essen, Urin zu trinken und darüber hinaus individuell herauszufinden, was den einzelnen am meisten Überwindung kostet. Solche „Übungen" können im Verzehr von rohem Fleisch, Regenwürmern, Erbrochenem, Gedärmen und Innereien von Tieren u. v. a. bestehen. Aussteiger berichten von Experimenten mit Leichen, Übernachtungen in oder an geöffneten Gräbern, stundenlangem Eingesperrtsein im geschlossenen Sarg und anderen durchaus zur Traumatisierung geeigneten Verfahren, die unter Zwang, Beobachtung und Bedrohung durchgeführt werden.

Schmerztraining

Neben der Erweiterung bzw. Überwindung der Ekelgrenze wird auch an der Schmerzgrenze gearbeitet. Fremd- und Selbstverletzungen sollen bewirken, unempfindlich gegen Schmerz zu werden. Ebenso muß die Scheu, andere zu verletzen und zu quälen, überwunden werden. Ziel des Schmerztrainings ist die Gefühllosigkeit sich und anderen gegenüber.

Suchtmittel

Wiederum in der Tradition von Aleister Crowley wird gezielt mit Alkohol und Drogen gearbeitet. So werden zu Ritualen Drogen verabreicht, um die Bewußtseinszustände zu manipulieren. Bei „Thelema" wird der Anwärter unter extremem Einfluß von „hartem" Alkohol an exzessiven „Sauf-Wochenenden" durch die ebenfalls alkoholisierten „Therapeuten" zur Selbsterfahrung angeleitet. Aussteiger berichteten wiederholt, daß ihnen bei Kulttreffen ein Getränk verabreicht wurde, nach dessen Genuß es ihnen „ganz anders" war. Stoffgebundene Abhängigkeit (Medikamente, Drogen, Alkohol) ist meist die Folge.

Drohungen – Folterungen – Psychoterror

Dem Angehörigen einer satanistischen Gruppe wird meist von Anfang an vermittelt, daß er nun auf Gedeih und Verderb dazugehöre und ein Ausstieg nicht möglich sei, da dies seinen Tod bedeute.

Der Satanist wird gefoltert, er foltert andere – seelisch und körperlich. Er hat zu lernen, die Schwachstellen seines Umfeldes herauszufinden und genau an diesen Punkten mit Psychoterror anzusetzen. Für ihn selbst geht es darum, seine Haltung und Handlung immer mehr von Haß bestimmen zu lassen. Desto schneller steigt er in der Hierarchie des Kultes und desto weniger hat er selbst mit Foltermaßnahmen zu rechnen.

Folter wird vor allem in der Integrationsphase wie auch zur Rückholung „Abtrünniger" eingesetzt.

Initiation

Die Aufnahme in den Kult geschieht meist in Form einer Initiation. Eingebunden in den Ritus der „Schwarzen Messe" erhält der Neuling seine Kutte, seinen Kultnamen und hat seinen Schwur auf Satan gegen Gott und alle Christen abzulegen. Wenn nicht vorher schon geschehen, muß das neue Mitglied bei dieser Gelegenheit zum ersten Mal das Opfertier töten.

Im Rahmen der Initiationsprozedur findet in der Regel eine rituell gestaltete Vergewaltigung statt. Häufig wird zur Besiegelung der Kultaufnahme eine Tätowierung mit charakteristischen Zeichen (z. B. umgedrehtes Kreuz, Pentagramm) vorgenommen.

13 Ein Fazit

– Deutlich muß auf die steigende Jugendkriminalität in Verbindung mit satanistischen Aktivitäten in den letzten Jahrzehnten hingewiesen werden. Die Straftatbestände reichen von Sachbeschädigungen (z. B. Schmierereien oder Graffiti mit Satanssymbolen, Friedhofsschändungen, vandalistische Kircheneinbrüche und Zerstörungen, Brandstiftung bis zum Ritualmord oder Mord aufgrund der übernommenen satanistischen Geisteshaltung (vgl. *Hans-Jürgen Ruppert*).

- Der Glaube der Satanisten steht eindeutig im Widerspruch zu den ethischen Normen unseres Kulturkreises. Es werden Zielsetzungen verfolgt, die der Idee der freiheitlichen, rechts- und sozialstaatlichen Ordnung unseres Staates widersprechen.
- Bei den aufgezeigten, gezielt eingesetzten Praktiken zur Umprägung der Persönlichkeit (wie Ekeltraining, Gewalttraining, Selbstverstümmelung, Alkoholmißbrauch, sexualorgiastische Praktiken u. a.) wird Persönlichkeit zerstört bzw. kommt es zur Ausbildung wiederum zerstörerisch wirkender Persönlichkeit. Die Kette setzt sich fort.

Silvie: „Ja, die haben sich doch überhaupt nicht mehr unter Kontrolle. So war das bei mir auch, ich bin ausgerastet und habe Mädchen verprügelt und sonstwas. – Ich war früher total anders und in letzter Zeit habe ich gemerkt, wie ich irgendwie immer kälter wurde, immer aggressiver, ich hab kein Empfinden mehr gehabt. Mir tat das nicht leid, wenn ich einem weh getan habe, ich habe draufgehauen. Hat sogar Spaß gemacht."

- Es kommt zur Fixierung auf abartige sexuelle Praktiken, zur Freisetzung sadistischer, masochistischer Neigung, oft zum Nachteil anderer.
- Beim Umgang mit Satanismus (und all seinen okkulten Praktiken) kommt es zu einer magischen Weltsicht. Die Möglichkeit zur Deutung von Ereignissen aufgrund natürlicher Zusammenhänge kommt abhanden.
- Aus psychohygienischer Sicht gesehen, muß vor satanistischen Praktiken strikt gewarnt werden, da sie zu Abhängigkeits-, Angst- oder Besessenheitssyndromen bzw. zu mediumistischen Psychosen führen können.
- Aufgrund der ausweglos erlebten Situation kommt es nicht selten zu Suizidversuchen.

Etwas davon kann uns wiederum Silvie deutlich machen: „Ihr schiebt das Glas, es klappt nicht; ein zweites Mal, es klappt nicht; ein drittes Mal klappt es vielleicht, du machst weiter und wirst immer neugieriger. Du brauchst es immer wieder, es ist ganz schlimm. Irgendwann ist man in dem Treiben drin, wo es richtig zur Sache geht. Du wirst immer neugieriger, denkst, das ist noch nicht alles. Wenn du z. B. mit Hasch anfängst, dann machst du hinterher weiter mit Heroin, okay – anfangs ist Gläserrücken dran, und dann bist du hinterher in den tollsten Satanskreisen drin, und das geht immer so weiter. Irgendwann ist dir das schon zu langweilig, dann willst du mehr haben, immer mehr; immer spannender und immer blutiger und sonst was. Ja, bis dahin, dann hast du überhaupt keinen Durchblick mehr."

Silvie beschreibt hier ihre eigene Okkultkarriere. So wie sie berichten immer wieder Betroffene selbst über ihre Abhängigkeit vom Okkultismus an sich und zum Satanismus im speziellen.

14 „Ritueller Mißbrauch" im Satanismus

Einer Meldung des *„Cult Crime Impact Network"* zufolge, fordert satanisch-ritueller Mißbrauch in Nordamerika jährlich 50.000 tödliche Opfer (*A. Bergsma*). Auch im deutschsprachigen Raum mehren sich Berichte über rituellen Mißbrauch. Dabei geht es gewöhnlich um Erinnerungen der Klientinnen an rituelle Vergewaltigungen, um den Mord an Erwachsenen und Kindern sowie darum, Kinder austragen zu müssen, die zur Opferung bestimmt sind und viele Grausamkeiten mehr. Die Berichte ähneln sich weiter darin, daß die beschriebenen Sekten seit Generationen auf diese Weise aktiv sind, vielfach Hunderte von Mitgliedern haben und meist die eigenen Eltern, Verwandte und Bekannte zum Täterkreis gehören. Dabei beschreiben die Opfer nicht selten Erinnerungen mit grausamsten Inhalten, die die ganze Kindheit durchziehen und sogar bis ins Säuglingsalter zurückreichen.

Diese erinnerten Mißbrauchsberichte haben eine weitere Gemeinsamkeit: ihre Entstehung. Etwa seit Mitte der achtziger Jahre hat sich in der Psychotherapie eine Richtung entwickelt, die sich auf die Aufdeckung von Erinnerungen spezialisiert hat. Bei allerlei Beschwerden, Krankheiten oder Problemen wird von diesen Therapeuten vermutet, daß die verdrängte Erinnerung an einen kindlichen Mißbrauch dafür verantwortlich ist. Nach Ansicht dieser Therapeuten kann Heilung erfolgen, wenn die verdrängten Erinnerungen aus dem Verborgenen hervorgeholt werden. Als Verfahren werden bestimmte Techniken der Tiefenentspannung, der Hypnose und der Visualisierung eingesetzt. Nach vorsichtigen Schätzungen erinnern sich ungefähr 15 Prozent der Klientinnen, die Erinnerungen zu Mißbrauch aufdecken, während der Kindheit von einer satanischen Sekte gefoltert worden zu sein (*Richard Ofshe/Ethan Watters* [1]). Einige Therapeuten berichten sogar, daß mindestens die Hälfte ihrer Klientinnen einem solche rituellen Mißbrauch zum Opfer gefallen sind (*Richard Ofshe/Ethan Watters* [2]). Hinzu kommt, daß den Klientinnen, die zu solchen Erinnerungen kommen, durch die Erinnerungs-Therapeuten häufig die Diagnose „Multiple Persönlichkeit" erstellt wird. Dies entspricht der Auffassung, daß bei vielen Menschen, die schon in früher Kindheit extreme seelische und körperliche Gewalt erlebt und sich deswegen in Todesnähe befunden haben, psychische Spaltungen entstehen, die sich als ein Auftreten von selbständigen, tief verschiedenen und einander ablösenden „Innenpersonen" äußern. Besonders häufig handelt es sich um Frauen, die als minderjährige Mädchen von ihren Vätern und vielleicht auch von anderen Männern (Brüdern, anderen Verwandten, Bekannten der Familie, auch von fremden Personen) sexuell mißbraucht wurden. *Michaela Huber*, eine deutsche Diplompsychologin und Therapeutin, sagt in ihrem Buch: „Multiple Persönlichkeiten" (1995 S. 19f.): „Die Abspaltung findet statt, weil die Ereignisse unerträglich sind. Jede neue ‚Person' wird in einer Situation ‚geboren', die eine Todesnäheerfahrung bedeutet hat. Dies gilt zumindest für die ersten Aufspaltungen ... Später kommen ‚Personen' hinzu, die nicht in Traumasituationen entstanden sind, sondern bestimmte Funktionen innerhalb des ‚Persönlichkeitssystems' erfüllen."

Einschätzung

Während die Vertreter der Erinnerungs-Therapie an den Glauben appellieren, daß die bei den Patienten aufgedeckten Erinnerungen allesamt wahr sind und einen völlig realen Hintergrund haben, wird zwischenzeitlich im wissenschaftlichen Raum anhand zahlreicher Untersuchungen und Gutachten die Echtheit der Phänomene bestritten. In den USA und Europa mehren sich die gut fundierten Berichte, die besagen, daß viele Diagnosen des sexuellen Mißbrauchs vom Therapeuten erzeugt sind und auf dem *„false memory syndrome"* beruhen, das heißt, aufgrund der Suggestionen des Therapeuten erst geformt und vom Patienten dann als wiederentdeckte Erinnerung gefunden werden (vgl. *Michael D. Yapko*). Wie andere Forschungsberichte besagen, ist es bei vielen Menschen auf relativ einfache Weise möglich, recht lebhafte, komplexe und detailreiche Erinnerungstäuschungen einzugeben *(vgl. Elizabeth F. Loftus)*. Hierbei bedarf es noch nicht einmal eines suggestiv-hypnotischen Einflusses. Bei Berichten über Erinnerungen an rituellen Mißbrauch ist zumindest Skepsis angebracht!

In bezug auf die Vorgänge im Satanismus ist klarzustellen, daß selbstverständlich bei der Durchführung der Rituale Mißbrauch im Rahmen der „Sexualmagie" stattfindet. Die Ereignisse sind den Beteiligten jedoch bewußt, zur Zeit der Durchführung und auch später.

Die Problematik der erinnerten rituellen Mißbräuche hat mit dem realen Satanismus nichts zu tun. Es bleibt zu hoffen, daß dem therapeutischen „Mißbrauch mit dem Mißbrauch" durch Aufdeckung und Aufklärung bald ein Ende gesetzt werden kann.

15 Randphänomene

Nach diesem Einblick in die satanistische Szene möchte ich einige Themen ansprechen, die immer wieder im Zusammenhang mit Okkultismus und Satanismus auftauchen und bei denen es regelmäßig zu Fehleinschätzungen kommt.

Die Grufties

Noch bis vor einigen Jahren waren damit Menschen im Alter jenseits der Lebensmitte, eben diejenigen, die schon näher an Gruft und Grab sind, gemeint. Die Bezeichnung wurde diesen Älteren von der Jugend zugeteilt.

Heute nimmt eine gewisse Jugendszene selbst für sich die Bezeichnung *Grufties* in Anspruch und bringt sich regelmäßig durch auffällige Friedhofsunternehmungen und ähnliches ins Gerede. Schlagzeilen, wie am 13. 1. 1990 in der Bildzeitung: „Festnahme! Grufties verwüsteten Leichenhalle", ziehen sich durch die Jahre. Wie viele unserer Gefühle werden dadurch verletzt! Wut, Verständnislosigkeit machen sich in unserem Empfinden breit.

Andererseits: Welche Gefühle lösen bei den Grufties solche Handlungen wie Zerstörung von Grabsteinen und Leichenhallen aus? Was schreien sie uns damit in unsere verständnislosen Gesichter? Können sie uns nur noch mit derart massiven Aktionen erreichen?

Sich der Gruftie-Szene fragend zu nähern, gibt die Chance zu verstehen, einzuschätzen und daraus zu lernen.

Zur Klärung: Unter Gruftie versteht man den schwarzgekleideten Jugendlichen mit schwarzgefärbter, meist auffällig gestylter spray-gestärkter Frisur. Das ganze Outfit ist extrem. Das weißgeschminkte Gesicht, betont durch schwarzumrandete Augen, soll Totenblässe signalisieren. An Ohren und um den Hals baumeln oft ganze Reihen von aufrechten oder umgedrehten Kreuzen, dazwischen vielleicht das Pentagramm (fünfzackiger Stern, auf der Spitze stehend wird er satanistisch verwendet), Totenkopf und Spinne. Der Gesichtsausdruck des Grufties ist stumpf, traurig, und seine Haltung kann der eines alten gebeugten Großvaters immer ähnlicher werden. Befragt man den Gruftie, *warum* er sich so gibt, wird man in der Regel Sprachlosigkeit ernten. Der Gruftie spricht nicht viel – seine Ideologie scheint sich mit wenigen Worten beschreiben zu lassen. Ein Mädchen erklärte: „Wir tragen schwarz als Zeichen der Trauer über diese Welt."

Aber nicht nur Trauer, sondern verbunden damit ist auch der Tod für den Gruftie ein zentraler Begriff, er will ihn ins Leben hereinholen, tut dies im wahrsten Sinne des Wortes mit dem Sarg im Kinderzimmer. Bei einem Seminar berichtete mir ein Bestattungsunternehmer, daß in der Zeit vor Weihnachten wiederholt Eltern bei ihm Särge als Geschenk für ihre Kinder kaufen wollten.

Andere Eltern wiederum geraten regelrecht in Panik, wenn ihre Sprößlinge im Zimmer Altärchen mit Kindergrabsteinen und Totenschädeln gestalten und die Wände mit Kranzschleifen dekorieren.

Verständlich, daß der liebste und passendste Versammlungsort zur Zelebration von Trauer und Tod der Friedhof ist. Dort sitzt man zusammen, dort weint und trinkt man zusammen und gibt einander Beweise, wie vertraut man mit dem Tod ist. Zum Beispiel kann eine solche Bewährung sein, nachts auf dem Friedhof alleine neben einem frischen Grab zu schlafen. Die Gruftie-Disco ist ein weiterer wichtiger Treff. Dort steht man herum, sieht sich um und läßt die anderen sehen, wie gut man „gruftiemäßig drauf" ist.

Innerhalb der Gruftieszene gibt es Unterscheidungen, zum Beispiel zwischen Gothics, Caves, Iros u. a., die für das Umfeld jedoch schwer auseinanderzuhalten sind. Erkennbare Unterschiede liegen in der Kleidung (zum Beispiel Priesterkleidung, Spitzenkragen ...), in Schmink- und Frisurentechnik.

Das *Zillo-Magazin* ist eine wichtige Szene-Publikation.

Das hört sich jetzt alles – gemessen am Satanismus – ziemlich harmlos an, ist es aber nicht durchweg. Wir müssen unterscheiden zwischen

– dem Modegruftie,

– dem Gruftie, der wirklich an der Welt trauert

– und dem okkult/satanisch aktiven Gruftie.

Äußerlich sind sie überhaupt nicht zu unterscheiden, und es ist für uns schwierig, nicht alle in einen Topf zu werfen.

Meine bisherige Erfahrung:
Die meisten Grufties sind keine Satanisten, doch mir sind nur
wenige jugendliche Satanisten bekannt geworden, die sich
nicht auch in der Grufties-Szene bewegten beziehungsweise
nicht auch ein gruftie-ähnliches Outfit zeigten.

Klärung kann in dieser Hinsicht immer nur im verstehen-
wollenden Gespräch zustande kommen. Zu fragen ist: Was
möchtest du mir mit deinem Gruftie-Sein mitteilen, warum
trägst du das umgedrehte Kreuz, welche Botschaft hast du für
mich?
Mona, 16, meint dazu:
„Warum bin ich ein Gruftie geworden?
Schon früher fand ich die Schwarzen *(Waver, Grufties)* unheimlich gut. Aber das waren halt immer nur so Phasen. Auch
zog ich mich nur hin und wieder schwarz an ...
Voriges Jahr, am 11. 5. 1989, kam der Tag, der mein Leben total
veränderte. An diesem Tag war das Konzert von ‚*The Cure*'.
Dieses Konzert war für mich wie der erste Schuß einer Droge.
Dieser wahnsinnige, eigenartige und wunderschöne Robert
Smith macht mich total verrückt. Ich brauche seine Musik,
seine Stimme, und ich brauche ihn selbst.
Es gibt auch noch einen anderen Grund, warum ich schwarz
bin. Halt so wegen dem ganzen Leben. Ich suche ziemlich oft
nach dem Sinn des Lebens, aber ich kann ihn einfach nicht
finden. Alles ist so kalt. Diese Kälte habe ich erst so richtig
bemerkt, seit ich ein Gruftie bin. Man wird so fertig gemacht
von anderen. Daß Menschen so herzlos sein können, das
wußte ich nicht. Es ist so schwer, sich als Gruftie durchzu-
setzen. Alle halten mich für verrückt. Am liebsten würde ich
alles herausschreien. Denn in meiner Seele hat sich schon so
viel festgesetzt. Es muß einfach raus. Weil es so weh tut ...
Eine Zeit habe ich fast jeden Tag an Selbstmord gedacht. Ich
hatte eine richtige Todessehnsucht. Ich hab mir oft das Messer
an die Pulsader gehalten, aber ich war zu feige, um zuzu-
schneiden."
Bei Mona wird deutlich, daß die Gefahr des Hineinsteigerns

in diese Todessehnsucht vorhanden ist und nicht unterschätzt werden darf. Sie möchte ihre Not hinausschreien und weint sie in sich hinein. Einerseits sondert sie sich allein schon durch ihren ausgeprägten Gruftie-Look bewußt von der Normalität ab, andererseits will sie diese selbstbestimmte Isolation nicht annehmen. Sie verhängt ihre ganze Augenpartie bis knapp über den Mund mit einem Vorhang aus schwarzen Haaren und weint, weil ihr niemand in die Augen schaut.

Mona, noch ein Einzel-Gruftie, sucht Mitleidende und Gleichgesinnte. Jeder satanistische Gruftie könnte sie anwerben. Deutlich wird diese Bereitschaft auch aus den Gedichten eines anderen Mädchens, das Gruftie ist:

Meine Lebenseinstellung

Bleich geschminktes Gesicht
Blutrote Lippen
Schwarze Haare
Und dunkle Klamotten
Eine Vorliebe für düstere Dinge
Für Friedhöfe
Okkultismus
Anzeichen des Wahnsinns?
Der Todessehnsucht?
Ich bin ein Gruftie
harmlos-zurückgezogen
Mit Vorurteilen beworfen
Ausgeschlossen aus der normalen Welt
Nicht als Mensch akzeptiert
Nur als Objekt
Woran rumgemeckert werden kann
Warum laßt ihr mich nicht mein
Leben leben
So wie ich es will?
Noch ist mein Sargdeckel offen
Noch ist Zeit zu begreifen

Daß auch ich ein Mensch mit
Gefühlen bin

Gibt es überhaupt
Noch etwas Gutes auf der Welt
Man hört nur noch
Morde
Katastrophen
Kriege
Alles ist verändert
Alles dreht sich zum Bösen hin
Kann man denn da die Menschen
Nicht schon verstehen
Daß sie zu Satan hinübergehen
Daß sie kein Vertrauen mehr
Zu Gott haben
Er gab uns einen Willen
Na und?
Aber wenn es ihn wirklich gibt
Dann sieht er uns doch
Wie wir leiden
Wie wir zugrunde gehen
Ich hatte ihn angebetet
Ich hatte ihn angefleht
Mir zu helfen
Nie hatte er mir geholfen
Er hat mir meine Freunde genommen
Die ich geliebt habe
Er hatte mir nie geholfen
Er hat mich nur immer wieder
Traurig gemacht
Oh nein, er hilft uns nicht
Er kann es gar nicht

Ich schreie

Ich will schreien

Ich schreie
Doch niemand hört mich
Keiner hört und sieht
Meine Seele weinen
Alle achten nur auf mein Äußeres
Und das scheint für viele erschreckend zu sein
Häßlich – provozierend
Schaut doch in mich hinein
Noch findet ihr vielleicht etwas Gutes
Doch bald
sehr bald
Könnte sich meine Seele in etwas
Böses verwandeln
Denn so halte ich es nicht mehr aus
Bald suche ich *Seine* Hilfe
Und dann werde ich meine
Feinde vernichten
Und dann   Mich selbst

Black Metal – ein Zubringer

Ende 1988 geschah in Essen im Zusammenhang mit okkulten Praktiken Jugendlicher ein Totschlag. In weiten Teilen der Bevölkerung löste dies eine ungeheure Erschütterung, eine Woge aus Angst und Ratlosigkeit aus. Die Distanz zu okkulten Vorgängen war mit einem Mal aufgelöst – man fühlte sich hart damit konfrontiert.

Genau zu dieser Zeit wurde in Essen für ein Konzert der *Slayers*, einer mit Satanssymbolen dekorierten Black-Metal-Gruppe in der Gruga-Halle plakatiert.

Die Bevölkerung reagierte darüber sehr aufgebracht, denn man wußte, was solche Gruppen bewirken können. Andererseits werden solche Auftritte seit Jahren nicht verboten.

Die Frage steht im Raum: Was hat die Rockmusik mit Satanismus zu tun?

Zunächst muß ich darauf antworten, *die* Rockmusik so gut wie nichts. Lediglich einige spezielle Richtungen des *hard-*

rocks, wie *Black Metal, Speed Metal, Trash Metal* u. a. sind daraufhin zu hinterfragen.

In diesen „Unterspielarten" des *Heavy Metal* kommt es zur Verherrlichung von Satan, Hölle Macht, Brutalität, Abstrusität, Blasphemie, Perversion, Pornographie u.a. Teilweise sind die Texte mit faschistoiden Inhalten angereichert. Diese Gruppen geben sich bewußt antichristlich und propagieren ihre (angeblichen) okkulten Neigungen per Text, Plattencover und Outfit.

Schon die Namen der Gruppen geben eindeutig Auskunft:
Venom (tierisches Gift, figürlich Bosheit)
Kiss (Kings in Satanic Service)
Slayer (Totschläger)
Black Sabbath
Living Death
Sodom
Christian Death (Christen-Tod)
oder neuere Gruppen wie die österreichische Band „Belphegor" mit ihren absolut blasphemischen Titeln.

Neben dieser harten destruktiven Power-Richtung gibt es eine ausgesprochen düstere, depressiv stimmende Szenenmusik der Schwarzen (Dark Wave oder Gothic), die ebenfalls brutale, pro-satanische bzw. antichristliche Inhalte transportiert.

Verschiedentlich wurden die Gruppen dazu befragt, inwieweit sie selbst Vertreter ihrer Botschaft seien. Die Antworten ergaben ein geteiltes Bild. Deutlich wurde, daß die einen einfach eine gut zu verkaufende Show abziehen, die anderen sich jedoch selbst als okkult bezeichnen.

Nur – wie sollen die „Kids" (das sind die vierzehn- bis achtzehnjährigen Fans) dies unterscheiden können? Und was nützt das Wissen um die Unterschiede, wenn man sich der Power dieser Musik aussetzt?

So ist es durchaus nicht abwegig, diese Musikrichtung mit großer Sorge zu betrachten,

– weil sie okkulte/satanistische Botschaften durch Stars vermitteln, die als Idole und Vorbilder fungieren;

– weil diese Musik mit enormer Gewalt auf den Hörer ein-
hämmert und damit gleichzeitig bewußt und über das
Unbewußte die Parolen transportiert;
– weil auf jeden Fall eine eindeutig negative Beeinflussung
stattfindet, die am verzerrt dargestellten Themenangebot
der Texte abzulesen ist: Friedhof, Leichenhaus, Totenköpfe,
Hölle, Grabsteine, Grabschändung, Särge, abartige sexuelle
Perversion und Zerstörung. Die Darstellung geschieht auf
brutale und gewaltverherrlichende Weise, ist zudem verbunden mit einer ausgesprochenen Frauenverachtung. Es
geht um versklaven, verdammen, besitzen, zerstören, töten
in Text und Darstellung.

Es kann wohl überhaupt nicht in Abrede gestellt werden, daß
die Lebensgestimmtheit der Fans dadurch herunter- bzw. in
eine abwegige Richtung gezogen werden kann.

Ein junger zwanzigjähriger Mann bat in unserer Beratung um
Hilfe. Er habe Angst vor seinen eigenen Aggressionen, die er
nicht mehr im Griff habe. Seit seinem dreizehnten Lebensjahr
sei er Black Metal Fan. Ein Besuch in seinem Zimmer ließ
mich erschaudern. Wände und Zimmerdecke waren nahtlos
mit Postern von Black Metal-Bands beklebt, so daß das Zimmer wie eine dunkle Höhle wirkte. Man war überall umgeben
von Fratzen, Bildern von offenen Särgen und heraussteigenden
Leichen, Teufeln, Blut und Perversion. Wohin der Blick auch
fiel, er wurde gefangen von diesen gruseligen und grausamen
Inhalten.

Wir können Black Metal einerseits als mögliches Transport-
mittel zum Satanismus sehen, andererseits ist Black Metal
die Musik von Satanisten.

backward masking

Eine andere Frage im Musikbereich wird im Hinblick auf
Okkultismus und Satanismus immer wieder laut: Was hat es
mit den Rückwärtsbotschaften auf Rockplatten, dem sogenannten *backward masking* auf sich?

Was ist backward masking? „Es ist eine Technik, mittels zwei verschiedener Methoden unterschwellige Botschaften rückwärts auf die LP's bzw. Bänder zu bringen. Das geschieht entweder dadurch, daß man eine der Spuren des 24 oder 32 Spuren breiten Bandes bei der Aufnahme eines Stückes rückwärts einspielt, bevor man alles durch entsprechenden Soundmix auf ein Band normaler Breite überträgt. Die verschiedenen Tonspuren werden meist für getrennte Aufnahmen der einzelnen Instrumente bzw. des Gesanges benutzt. Auf eine dieser Spuren kann man somit ohne größere Schwierigkeit einen Text rückwärts einspielen. Hört man Bänder, bei denen dies der Fall ist, rückwärts, so ist der Text ziemlich deutlich zu verstehen. Der Nachteil: Man hört den Text rückwärts, wenn die Platte bzw. das Band vorwärts läuft."[48]

Werden durch das Hören dieser Platten oder auch CDs, vor allem durch die angeblichen Rückwärts-Botschaften satanistischer Art, wirklich negative Einflüsse wirksam?

Diese Frage kommt nicht von ungefähr. Vielfach wird mit *backward masking* geradezu Angst verbreitet, indem behauptet wird, daß das Hören der Platten den direkten Kontakt zum Teufel schaffe und den Hörer an ihn ausliefere. Vor allem in evangelikalen Kreisen wird diese Auffassung fest geglaubt und vehement vertreten. So kommt es vor, daß Jugendliche ihre heißgeliebten und bisher gehüteten Plattensammlungen aus Angst radikal vernichten.

Hier wird deutlich, welchen Stellenwert Satan & Co. sogar bei christlich gut Informierten haben kann. Fast möchte man sagen, daß Satan übermäßige Macht zugeteilt wird, nicht viel weniger als die Satanisten selbst es tun. Eine normale Rock– oder Beatles-Platte, mit oder ohne Rückwärtsbotschaften, egal ob vorwärts oder rückwärts gehört, kann nur einen Einfluß haben, wenn *ich* diesen hineinglaube.

Besessenheit – Exorzismus

Im Zusammenhang mit Okkultismus, insbesondere mit dem Satanismus, taucht regelmäßig, ob in der Beratung oder bei

Vorträgen, Erklärungsbedarf auf. Ist ein Satanist besessen? Bewirkt eine Beschäftigung mit spiritistischen Praktiken eine okkulte Belastung? Können Sie in der Beratung überhaupt helfen, wenn Sie mit dem Klienten keine Befreiungsgebete sprechen? Auch bitten immer wieder Menschen um therapeutische und/oder seelsorgliche Hilfe, weil sie sich von einer bösen Macht besetzt fühlen.

Hinter solchen Fragen steht der Glaube, daß wir von bösen Geistern, Dämonen oder Satan, Verstorbenen, auch lebenden Menschen und sogar durch ein Tier in Besitz genommen werden können, das heißt, daß die Kontrolle des menschlichen Bewußtseins durch eine fremde Seele oder Wesenheit geschehen kann. Ein Besessener hat das Gefühl, nicht mehr Herr seiner eigenen Entscheidungen zu sein, sondern von einem äußeren Einfluß gesteuert zu werden. Er kann sich wie unter Zwang in einer Weise verhalten, die nicht zu seiner gewohnten Persönlichkeit paßt. Im extremsten Fall fehlt dem Betroffenen hinterher jede Erinnerung an seine Handlungen (vgl. *Rainer Kakuska*).

Die Bezeichnung „Besessenheit" beruht auf einer religiösen Interpretation entweder durch den Betroffenen selbst oder durch sein Umfeld, zum Beispiel kann durch den Seelsorger oder einen entsprechend gläubigen Arzt eine solche Diagnose aufgezwungen werden.

Diese Sicht führt zwangsläufig dazu, daß man glaubt, nur durch eine Befreiungshandlung Abhilfe schaffen zu können. Folglich werden Exorzismen durchgeführt, das heißt, die Austreibung von Teufeln und Dämonen aus einem „Besessenen" durch Beschwörungen, Flüche und Anrufung Gottes versucht. Einige spektakuläre Fälle von Exorzismen, sogar mit Todesfolge (Anneliese Michel in Klingenberg, 1976) sind bekannt. Im katholischen Raum galten seit der Erstausgabe des „*Rituale Romanum*", dem großen exorzistischen Gebet, zur Diagnose folgende Kriterien für „dämonische Besessenheit":

- ungewöhnlich starke Körperkräfte,
- das Offenlegen von unbekannten Dingen,

- in fremden (nicht erlernten) Sprachen reden oder sie verstehen,
- Haß und Aggression (mit entsprechenden Handgreiflichkeiten) gegen heilige Dinge oder Personen.

Im Jahre 1982 wurden diese Kriterien durch eine von der Deutschen Katholischen Bischofskonferenz eingesetzten „Gemischten Arbeitsgruppe" (Theologen, Mediziner, Psychologen, Parapsychologen) untersucht. Es wurde festgestellt, daß die Kriterien heute nicht mehr als charakteristisch und kritisch für unsere Zeit angesehen werden können. Im Resultat wurde u. a. festgestellt: „Ohne die Möglichkeit von Besessenheit grundsätzlich oder positiv auszuschließen, muß festgestellt werden: Gegenwärtig lassen sich keine Kriterien erheben, die entsprechend den Kriterien des *Rituale Romanum* von 1614, in Analogie dazu oder in Gestalt von deren Neuformulierung gestatten, mit hinlänglicher Gewißheit auf Besessenheit zu erkennen. – Es müssen sogar sowohl aus theologischen als auch aus medizinischen Gründen Bedenken gegen die vom *Rituale Romanum* von 1614 vorgesehenen Formen von Besessenheitsfeststellung und Exorzismus erhoben werden" (*Ulrich Niemann*).

Wie dies bestätigt, setzte sich neben der durch die kirchliche Tradition jahrhundertelang transportierten naiv-realistischen Sicht der „Besessenheit" innerhalb der letzten zwanzig Jahre mehr und mehr die moderne medizinische Erkenntnis durch. So wird das „Besessenheitsphänomen" in den beiden bekanntesten diagnostischen Manualen (Nachschlagewerken) zu den dissoziativen Störungen (oder hysterischen Neurosen) gerechnet (DSM-III-R). Darin heißt es: „Die Überzeugung der Besessenheit von einer anderen Person, einem Geist oder einem anderen Wesen kann als Symptom einer Multiplen Persönlichkeitsstörung auftreten. In solchen Fällen ist das Symptom ‚besessen zu sein' in Wirklichkeit Ausdruck der Erfahrung des Einflusses der anderen Persönlichkeit auf das Verhalten und die Stimmung des Individuums. Das Gefühl der ‚Besessenheit' kann jedoch nicht nur als Symptom der dissoziativen Störung auftreten, sondern auch als Wahn in einer psychotischen Störung, zum Beispiel der Schizophrenie." In dem seit 1. 1. 1996 gültigen internationalen Diagnoseschlüssel ICD-10 gibt es unter Nr. F 44.3 die Beschreibung von „Trance- und Besessenheitszuständen": Dies sind „Störungen, bei denen ein zeitweiliger Verlust der persönlichen Identität und der vollständigen Wahrnehmung der Umgebung auftritt; in einigen Fällen verhält sich der Mensch so, als ob er von einer anderen Persönlichkeit, einem Geist, einer Gottheit oder einer ‚Kraft' beherrscht wird."

Ärztlich-psychotherapeutische Hilfestellung ist angezeigt. „Andererseits muß die Glaubens- und Gebetsdimension derer, die sich für besessen halten, ganz ernst genommen werden, und es muß versucht werden, in einer individuell und sozial angemessenen Weise *mit* den Beteiligten zu beten" (vgl. *Ulrich Niemann*).

Gewarnt werden muß vor freischaffenden „Exorzisten", die ihre Hilfe anbieten, vor allzu naiven „Befreiungsdiensten" im fundamentalistischen, pfingstlerischen oder auch charismatischen Raum, die in der Verkennung des medizinischen Befundes der notwendigen therapeutischen Versorgung des Betroffenen im Weg stehen.

Was bedeutet „okkult belastet"?

In evangelikalen, fundamentalistischen oder charismatischen Gemeinden (auch im kirchlichen Raum), ist die Auffassung anzutreffen, daß durch okkulte Betätigung, zum Beispiel Pendeln, Kartenlegen oder Lesen des Horoskops, wie auch durch Anhören von „heidnischer" Rockmusik eine „dämonische Belastung" eintritt. Auch die Teilnahme an einem Yoga-Kurs oder einer Meditation wird in diesem Sinn als gefährlich bezeichnet.

So sollen Herrschsucht, Streitsucht, Lust zu lügen, Friedlosigkeit, Unkeuschheit, Interesselosigkeit am Wort Gottes Symptome für „okkulte Belastung" sein. „Okkulte Belastung" bedarf folglich der „Übergabe an Jesus Christus als den einzigen

Herrn für Zeit und Ewigkeit", der Bekehrung und des Befreiungsgebetes. Ganz bewußt soll durch ein Absage- und Hingabegebet, bei dem sich der Belastete in Gegenwart von zwei Zeugen im Namen Jesu vom Teufel und von allen Einflüssen der Macht der Finsternis lossagt, ein Herrschaftswechsel vollzogen werden (vgl. *Reinhold Ruthe*).

Okkulte Belastung darf nicht mit *Besessenheit* verwechselt werden; sie sind nicht als Phänomene verschiedener Schwere anzusehen. Der Begriff der „okkulten Belastung" kann nicht aus der Bibel abgeleitet werden.

Solche Vorstellungen schüren die Angst, unversehens mit Okkultismus in Berührung zu kommen und dadurch „belastet" zu werden. Sie entsprechen einer Dämonisierung des Glaubens, da der/das Böse viel zu weit in das Zentrum des Glaubens des einzelnen gerückt wird, wodurch ein Spannungsfeld zwischen Gut und Böse geschaffen wird.

IV Zwischen Suche und Sucht: Okkultismus

Ich glaube, wer bis hierher gelesen hat, wird den Okkultismus nicht so leicht als *„Schwachsinn"* abtun können. Dies wäre lediglich der einfachste Weg, sich um eine ehrliche Diskussion herumzumogeln. Man begibt sich in eine quasi-überlegene Scheinposition, tut so, als hätte man den Überblick, und hofft, daß das Problem sich möglichst bald von alleine löst. Zuweilen verwenden Eltern und Lehrer diese todsichere Methode, um dann nie mehr gefragt zu werden. Das Okkultismus-Phänomen als *„Schwachsinn"* abzutun, kann heute nur noch aus Unwissenheit, zum Selbstschutz oder zum Zweck der Verharmlosung geschehen.

Das andere Extrem der Reaktionsmöglichkeiten ist die *„Panikmache"*. Dabei wird geglaubt, daß der Teufel selbst hinter dem Ganzen steht, und Schuld und Ursache werden auf diese Weise weit von sich, eben *dem* Bösen zugewiesen.

Irgendwo dazwischen liegt die Einschätzung, die dem Problem gerecht wird, denn sowohl Verharmlosung wie auch Panikmache verhindert eine echte und notwendige Auseinandersetzung.

Fest steht, daß eine beträchtliche Anzahl von Menschen heute zum okkulten Denken und Tun neigt, sich dadurch sehr ungünstigen Einflüssen aussetzt und häufig Schaden nimmt an Geist, Leib und Seele.

Und fest steht, daß *wir* etwas damit zu tun haben, da wir die Mit-Menschen dieser Menschen sind.

1 Okkultismus als Suche – Motive

Zunächst möchte ich noch weitergehender, als zuvor geschehen ist, der Frage nach den Motiven nachgehen, warum sich Menschen dem Okkultismus zuwenden.

Im Nachspüren des Warum, nach den Motiven, haben wir die Chance, den Schlüssel zum Verständnis, aber auch zu helfenden Maßnahmen zu finden.

Dabei werden wir Sofortmaßnahmen, aber ebenso Veränderungen oder Verbesserungen entdecken, die längerfristig anzugehen sind.

Es kommt mir dabei nicht auf eine lückenlose Auflistung der Motive für die Hinwendung zum Okkulten an. Vieles davon wird für den Leser schon aus der Lektüre des Vorhergehenden deutlich geworden sein. Ich möchte vielmehr Spuren aufzeigen, Anstöße geben, damit Sie selbst in Ihrem eigenen Leben und Lebensbereich erahnen können, wo dünnhäutige Stellen sind, bei Ihnen oder dem Menschen neben und mit Ihnen.

Sicher, gegen einige Bereiche des okkulten Angebots sind viele Menschen vom Verstand und vom Empfinden her geschützt, da wir z.B. leicht erkennen, daß vielfach finanzielle Ausbeutung und Geschäftemacherei hinter sog. okkulten Praktiken stehen, und andererseits die abstoßenden Praktiken in anderen Bereichen abschreckend genug sind. Seine mögliche Bedrohung für uns wird der Okkultismus jedoch erst verlieren, wenn wir unsere eigene Disposition einschätzen und einplanen können. Die innere Bereitschaft zu okkulten Dingen liegt ja weit *vor* dem Besuch des „Hellsehers" oder der Teilnahme an der „Schwarzen Messe".

Anfälligkeit für Okkultismus ist in der Regel dann gegeben, wenn ich mit mir oder meiner Lebenssituation nicht einverstanden bin, ganz besonders natürlich in Krisenzeiten, wenn überhaupt der Sinn meines Daseins in Frage gestellt ist. Sind deutliche Defizite im Bereich des Selbsterlebens und Selbstverständnisses, im Beziehungsbereich oder im religiösen Bereich vorhanden, kann z.B. schon die erste spiritistische Sitzung „greifen". Sie kann mir Verheißungen geben, die ich als neue Perspektive sehe. Plötzlich bin ich „wer", werde gebraucht, bin eingebunden in eine enge, emotional bestimmte Gruppenatmosphäre, erhalte unter Umständen Entscheidungshilfen oder eine Deutung meiner Situation durch den gut erlebten Geistkontakt und bekomme klare und einfache Antwort auf meine wichtigsten Fragen, die nach dem woher – wozu – wohin.

Etwas davon wird deutlich aus dem Bericht einer jungen Frau, die per Gläserrücken zur medialen „Lebensberaterin" für dreißig/vierzig Freunde und Bekannte wurde. Per Glas vermittelte sie Beratung in Alltags- und Lebensfragen aus dem Jenseits. Durch Gespräche mit uns hingeführt zu einer animistischen Deutung des Geschehens, weigerte sie sich, weiter nachzudenken. „Wenn ich jetzt noch einen Schritt weitergehe, kann ich nicht mehr an Geister glauben, kann ich nicht mehr Gläserrücken machen, und wer bin ich dann?"

Klarer konnte sie es nicht ausdrücken. Sie wäre für ihre Anhänger aus der Medialität in die Normalität gerutscht und hätte dadurch ihre „Identität" verloren. Ja – und wer ist sie dann? Diesen Schritt wollte die Frau nicht mitvollziehen – er hätte allerdings bei dieser schon gewonnenen Einsicht eine neue Aussicht bedeuten können.

Bei Jugendlichen sind es in der Regel eher die Abseitsstehenden, die plötzlich „Okkult-Anführer" werden können. Eine Mutter, deren sechzehnjähriger Sohn sich per Dämonenbeschwörung Anhänger hielt, äußerte nachdenklich: „Eigentlich hatte ich schon immer das Gefühl, daß er viel zuviel alleine im Zimmer herumhängt." Bis er seine Chance erkannte. Jetzt war er „wer".

Der Wunsch, sich machtvoll zu erleben in einer Welt, in der ich mich im Grunde nur als ein Rädchen irgendwo im Getriebe eines unüberschaubaren Systems erkenne, macht empfänglich für magische Rituale. Sie scheinen mir Möglichkeiten zu geben, in quälende Abläufe des Schicksals einzugreifen:
– per Orakel von Pendel und Tarot bin ich vorgewarnt;
– per Liebeszauber des Magiers kann ich mir Liebe erkaufen;

– per Wunderheiler kann ich gesund alt werden;
– per Geistkontakt kann ich in Zukunft und Jenseits schauen;
– per Magie kann ich Macht über andere bekommen.

Von besonderer Bedeutung als Motiv für den Zugang zum Spiritismus ist die *Trauer* beim Tod eines lieben Angehörigen. Trauer beinhaltet in erster Linie das Gefühl des Verlustes, also trauere ich zum großen Teil, weil ich mich verlassen weiß. Zum anderen bereiten mir meine Versäumnisse dem Verstorbenen gegenüber unter Umständen ein schlechtes Gewissen. Wie wohltuend und befreiend kann es da sein, wenn ich vom Verstorbenen höre: Ich bin bei dir, ich stehe dir bei, ich bin dir nicht böse, ich warte auf dich.

Für den Jugendlichen ist der verstorbene Opa oder Onkel mehr der Gewährsmann für die nur aus dem Jenseits zu erhaltende absolute Wahrheit.

Und natürlich spielt der Nervenkitzel eine Rolle – nicht nur bei jungen Menschen. Die *Faszination des Geheimnisvollen* ist ein Motiv von hohem Rang. Wo in unserer Welt ist Geheimnis zu finden, erlebbar? Alles verkopft, versteh- und erklärbar. Nur dieser Bereich tut sich voller Versprechen auf: Du kannst über diese Welt hinausschauen, kannst erfahren, was normalerweise nicht erfahrbar ist.

Jedes Märchen, jede Geschichte, an und für sich Gelegenheit zum Ausleben und Ausagieren der Phantasie, wird heute von einem Fernsehregisseur vor-phantasiert und Kindern platt auf der Mattscheibe serviert. Wo bleibt hier Raum zum Ausleben der eigenen Phantasie? Wird dadurch nicht eine wichtige Möglichkeit der Ausreifung in der kindlichen Entwicklung vernachlässigt? Die Bedeutung der märchenerzählenden Großmutter kommt hier neu in den Blick.

Häufig wird der Alltag langweilig, ohne Höhepunkte und Besonderheiten erlebt. Hier erhofft man sich, durch Okkultismus Ausnahmezustände zu schaffen; Lustgewinn scheint verheißen, pikante Unterhaltung, Abenteuer, Faszination, Sensation bis hin zur Angstlust. Oft ist zu beobachten, daß gerade die Gefahr oder sogar der Schmerz (beim Satanismus) gesucht wird, um sich selbst überhaupt wieder wahrnehmen und erleben zu können.

Wie wenig Liebe, wieviel Unheil muß Irina, ein fünfzehnjähriges satanistisches Gruftiemädchen wohl erfahren haben, wenn sie über ihre schwarze Clique sagt: „Zum ersten Mal weiß ich, zu wem ich gehöre." Drückt sie damit das Gefühl von Geborgenheit aus? Weiß sie sich erstmals gehalten? Erlebt sie sich ausgerechnet in der satanischen Gruppe angenommen und bestätigt?

Ungeordnete, oft sehr ungünstige familiäre Verhältnisse begünstigen den Weg sehr junger Menschen in häufig sehr harte zerstörerische Gruppen. Benachteiligt, unterlegen, alleingelassen, vielfach verletzt, mißbraucht, von Gott, der Welt und den Menschen enttäuscht, wird der Ausweg erhofft im Gegensystem: Wenn Heil-, Ganz- und Gutsein nicht erlebt werden kann, dann eben Zerstörung in Vollendung!

Ganz verschiedene Ängste begleiten uns heute durch unser Leben: Angst vor der Zukunft, vor Belastung, Examensangst, Angst zu versagen, nicht gut genug zu sein, vor Verlust des Arbeitsplatzes, vor Krankheit, Angst vor Verlorensein, Angst vor Verantwortung, Entscheidungsängste vor der Eigenplanung des Alltags und des ganzen Lebens ... All diese Ängste können die Schleuse zum okkulten Sog öffnen.

Ein weiterer Aspekt ist die Konsumgesellschaft. Genußüberflutet, gewohnt, alles sofort zu haben, wird *mehr als alles* gesucht, totaler Konsum, totales Erleben, totale Freiheit.

Ein krasses Beispiel für ein hierzu passendes Okkult-Angebot gibt ein Auszug aus dem Glaubensbekenntnis der 1966 in Kalifornien gegründeten „*Church of Satan*":

„Satan verkörpert Befriedigung von Begierden anstelle von Abstinenz – Satan verkörpert vitale Existenz anstelle spiritueller Hirngespinste – Satan verkörpert Rache anstelle des ‚auch die andere Wange hinhalten' – Satan verkörpert alle sogenannten Sünden, da diese zu körperlicher, geistiger und emotionaler Befriedigung führen."[49]

Hier wird das Ausleben von Perversion, Grausamkeit, Sadismus, Aggression und Lust an der Zerstörung verheißen!

Sicher steckt in solchen satanistischen Gedanken und Praktiken eine gehörige Portion an Protest, Rebellion, Provokation gegen die in der Gesellschaft bestehende Moral, gegen unsere Sitten und Normen. Satanismus ist ein Angebot, nun wirklich auch den allerletzten Spießer zu schocken. Die Möglichkeit, sich in wirksamer Weise gegen unsere Gesellschaft aufzulehnen, ist immer schwieriger geworden, da das Spektrum der akzeptierten Provokation sich wesentlich erweitert hat. Man gibt sich heute tolerant; mir scheint: pseudotolerant. Bei vielem schaut man lieber nicht genau hin in der Sorge, sich womöglich sonst aufregen zu müssen, Ärger und Entfremdung heraufzubeschwören. Was muß heute ein Mädchen, ein Junge alles unternehmen, um Vater oder Mutter in Aufregung zu versetzen? Vielleicht bleibt wirklich nur noch der Sarg im Kinderzimmer.

Ein etwas anders gelagerter gesellschaftsbezogener Aspekt wird durch die Aussage von Uwe, siebzehn, Azubi, satanistisch aktiv, deutlich:

„Ich habe schon versucht, etwas Sinnvolles in der Welt zu tun, Umweltschutz oder so, habe Cola-Dosen und Bierflaschen aufgesammelt, als ich vierzehn war. Alles nutzte nichts. Aber wenn ich eine Schaufensterscheibe einschlage, sehe ich, *die* ist kaputt."

Was steckt dahinter?

Sich wirksam erleben wollen, sichtbar eingreifen können in das System, ist sicher *ein* Motiv. Wo in der Welt merkt ein junger Mensch, daß er wichtig ist; daß es gut ist, daß er da ist; daß er tatsächlich etwas bewirken kann?

Wie und nach welchen Kriterien orientiert man sich heute in unserer Welt? Im Pluralismus wird alles angeboten, alles steht ziemlich gleichwertig nebeneinander. Wer hilft, die Vielfalt zu ordnen, Chancen herauszufinden? Werde ich Schreiner oder Professor, Pfarrer oder Atheist, Christ oder Neo-Indianer ...?

Und eng damit verbunden ist die Suche nach Sinn: „Ich möchte *sinnvoll* leben." – „Es macht alles keinen Sinn." In dieser Spannung pendelt man zwischen Hoffnung und Frustration.

Wurde früher die Sinnfrage zum großen Teil traditionell geklärt (man hatte bestimmte Rollen durch Geburt, durch Familien-, Gesellschafts- und Kirchenzugehörigkeit), muß heute Sinn von jedem einzelnen für sich definiert und ein Weg gefunden werden, danach zu leben. Ein regelrechter Markt der Sinnanbieter ist entstanden. Man sucht in einer Gruppe nach der anderen, macht eine Therapie nach der anderen: Sensitivity-Training, Reinkarnationstherapie, Rebirthing, De-Hypnotherapie, Rebalancing und vieles andere mehr – und meint, daß sich Sinn anhand einer bestimmten Technik einstellt.

Hilfe zur Deutung des eigenen Daseins wird heute in der Regel nicht mehr bei den traditionellen Kirchen erwartet. Kirchen haben einen ausgesprochenen Autoritätsverlust zu verzeichnen und sprechen – wie es aussieht – ihre Botschaft in ein Vakuum der Gehörlosigkeit. Der Glaube ist ins stille Kämmerchen gerückt oder bei vielen scheinbar ganz abhanden gekommen. Scheinbar? Immerhin gaben bei einer 1989 durchgeführten Umfrage („Empirische Vermessung zur religiösen Lebenswelt in der Bundesrepublik Deutschland" des Instituts für Demoskopie Allensbach) 70 Prozent der Bundesbürger an, an Gott zu glauben. Die religiöse Praxis (Gottesdienstbesuch, religiöse Praxis in der Familie und Interesse an religiösen Fragen) aber sei seit Ende der 60er Jahre „erdrutschartig" gesunken.

Die Kluft zwischen den religiösen Anschauungen der Generationen sei erheblich. 85 Prozent der über sechzig Jahre alten Menschen glauben an Gott, aber nur noch jeder zweite der unter fünfundzwanzigjährigen. Die Bedeutung von Gott für das eigene Leben können nur 15 Prozent der unter fünfundzwanzigjährigen akzeptieren.

Demnach glauben zwar insgesamt viele an Gott, vor allem bei jungen Menschen hat er jedoch keine Beziehung zum Leben. Die Okkultismuswelle schwappt sozusagen über ausgetrocknetes Land und kann einsickern. Der jüngere Mensch heute verfügt kaum über Glaubenswissen und -erfahrung. So sucht er nach eigenen Wegen, seine Sehnsucht nach Heil, Trost und

Frieden zu stillen. Letztlich sucht er nach Wahrheit, auf einen Nenner gebracht, er sucht nach Nahrung für seine Seele.

Aus Marion, achtzehn, brach es bei einem Gespräch spontan heraus: „Ich möchte ja so gerne glauben, wenn ich nur wüßte, wie man das tut!"

Marion muß erfahren, daß Glauben ein Weg-Geschehen ist. Sie braucht jemanden, der mit ihr Spuren sucht. Hoffentlich ist es kein Okkult-Gläubiger, an den sie dabei gerät, wie zum Beispiel bei Michael, neunzehn, Abiturient. Er ist fast ohne Übergang vom katholischen ins satanistische Lager gewechselt. „Ich war neun Jahre als Meßdiener am Altar. Von Gott habe ich nichts gespürt. Aber jetzt: Satan bringt's", erklärt er. Michael hat die Möglichkeit entdeckt, *Erfahrungen* mit Hilfe der suggestiven Wirkung des magischen Rituals *herzustellen*, sozusagen auf *Instant-Weise*.

Was ist während Michaels Meßdienerzeit versäumt worden? Ist seine Seele übersehen worden, oder konnte sie nicht berührt werden? War denn in der Gemeinde oder zumindest in der Meßdienergruppe kein Raum für religiöse Erfahrungen, die haften blieben, *unter* die Haut gingen, ihn ergriffen haben? In Gesprächen mit vielen Menschen in vielen Jahren bin ich zu der Überzeugung gekommen, daß in jedem Menschen ein inneres „Etwas" existiert, das angesprochen und dem zum Leben verholfen werden muß. Dieses „Etwas", ich nenne es gern den „religiösen Funken" oder „das Heilige in uns", ist der Grund für die Sehnsucht und die sich daraus ergebende Suche des Menschen.

Wieviel und wie oft wird dieses Innerste unseres Inneren in unserem Dasein verdrängt, betäubt oder besser regelrecht erschlagen: durch Hast und Lärm, vielfältige Aktivitäten, Zwänge, Konsum, ständig zugeführte Sinneseindrücke, unkontrolliertes Fernsehverhalten, durch Routineabläufe im Alltag und durch Sucht. Der Trend geht zu immer noch mehr und zu immer noch stärkeren Erlebnissen, und wir hoffen dadurch, uns selbst darin dann wieder besser spüren zu können. Die Entwicklung – besonders in den letzten Jahrzehnten – hat uns in die Situation gebracht, einem vollkommen überfüllten

Lebensraum ausgesetzt zu sein, der sich ständig erweitert. Fernflüge von heute auf morgen von Kontinent zu Kontinent, von einem Kulturkreis zum anderen, Nachrichten in Hülle und Fülle täglich aus aller Welt, Begegnungen über Begegnungen am Arbeitsplatz und in der Freizeit. Wo bleibt Platz zum Verweilen, zur Beschaulichkeit? Ergebnis davon ist, daß alles Erlebte an uns nur vorüberrauschen und in seiner Bedeutung nicht mehr erkannt werden kann. Wie kann ich im einzelnen Ereignis für mich noch tiefen Wert erfahren, wie kann ich es mit mir in Beziehung bringen?

Lebensstil und Lebensverständnis sind heute auf das Außen angelegt, sind bestimmt von „sich äußern" und „von außen aufnehmen". Das Nach-innen-Gehen, das Zu-sich-selbst-Kommen, das Bei-sich-Sein wird meist vernachlässigt. Ausgewogenheit des Innen und Außen wird wenig beachtet.

Dabei könnte so viel Hilfe durch die Reduzierung der äußeren Reize erfahren werden. Etwas zur Ruhe kommen; sich selbst ab und zu einen Termin wert sein; sich vielleicht einmal im Schweigen zu versuchen; nach innen zu hören; gelegentlich wenigstens etwas geistig zu fasten – das kann bedeuten, daß im Weniger das Mehr sichtbar wird; daß ein Innen-Geschehen in Gang kommt; kann auf die Spur bringen, dem Wesentlichen näher zu kommen.

Bernhard Welte hat vom „Ausfall der religiösen Erfahrung in der Moderne" gesprochen. Er stellte fest, daß die vorherrschende Erfahrung sei, überhaupt keine religiöse Erfahrung zu machen, also von so etwas wie Gott nicht berührt, nicht getroffen und schon gar nicht verwandelt zu werden. Charakteristisch für unser Zeitalter scheint – wie Welte sagt – der Ausfall der religiösen Dimension zu sein. [50]

Ist das wirklich so? Können wir nicht andererseits feststellen, daß der Durst nach religiöser Erfahrung, nach Erfahrung, die einen ergreift und über einen hinausweist, zu einer regelrechten Suchbewegung der Menschen heute geführt hat? Sekten, Kulte, der ganze Bereich des New Age und des Okkultismus geben Zeugnis davon.

Es ist das Verlangen, das Leben von einem Wesentlichen her

deuten zu können; Leben wieder in sinnvolle Zusammenhänge zu bringen; Zerrissenheit aufzulösen und zur Ganzheit, zum Heil zu kommen. Kann Leben nicht dann erst glücken, wenn der Sinn aus der Erkenntnis und Erfahrung des Eigentlichen, dem Grund meines Daseins, in den Blick und ins Gespür kommt?

Nur – dies alles wird nicht von außen geschenkt und kann – wie heute vielfältigste Angebote von Sekten und Kulten vorgeben, schon gar nicht mit Leistung erarbeitet oder erkauft werden. Vielmehr heißt es, sich auf den Weg zu machen. Es bedeutet auch, sich auf einen lebenslangen Prozeß im Glauben einzulassen, bei dem sich Wahrheit für jeden ganz persönlich auf eine je eigene Weise ereignen kann. Keine abstrakte Wahrheit, sondern verbunden damit ist Personwerdung, Menschwerdung, also eingefleischte Wahrheit! Es ist ein Weg zum Ganzwerden, zum Heil-Werden. Der bedeutende Psychologe C. G. Jung schreibt, daß für ihn die Religion zur Ganzheit der Person gehört. Die Religion ist nach seiner Aussage keine „Illusion" oder nur der Ausdruck eines frommen Wunsches, wie heute oft vermutet wird, sondern ein dynamischer Faktor in der lebendigen Seele. Der Mensch lebt nach Jung nicht ganzheitlich, wenn er keine Religion hat.[51] Und Jung appelliert an die Psychologen von heute, doch endlich zu begreifen, daß Religion nicht mehr in Dogmen und Glaubensbekenntnissen zu verstehen ist, sondern daß es um religiöse Einstellung geht, die eine psychische Funktion von kaum absehbarer Wichtigkeit ist. Jung ist durch seine psychotherapeutische Praxis zu der Annahme gelangt, daß es in der Psyche die Disposition für religiöse Orientierung und für religiöse Bedürfnisse gibt, die im Sinne von Selbstverwirklichung und Ganzwerden nicht vernachlässigt werden darf.

2 Okkultismus als Sucht

Im Vorhergehenden war von den vielfältigen Beweggründen die Rede, die sich als Ursachen für die heute so auffallende

Hinwendung zum Okkulten zeigen. Sie geben Zeugnis von Mangelerfahrung, von gewaltigen Defiziten, einem großen seelischen Hunger, sowohl im Leben des einzelnen als auch in gesamtgesellschaftlicher Hinsicht. Sie geben Zeugnis von der Suche nach Änderung und Ausweg. Und sie geben Auskunft über Sehnen und Suchen nach Ganzheit und Heil. So gesehen weist die Okkultwelle sich als Suchbewegung aus, die, wenn ernstgenommen, genügend Hinweise gibt, wie und wo die Befindlichkeit der Menschen unserer Zeit verbessert werden kann. D. h. die Okkultwelle bietet uns genug Stoff, aus dem wir lernen können. Nach der Frage: *„Warum Okkultismus?"* müssen wir allerdings auch der Frage *„Warum Okkultismus vermeiden?"*, also der nach der möglichen Gefährdung nachgehen. Das Gefährdungspotential als solches ist – so hoffe ich – aus der bisherigen Beschreibung sichtbar geworden, so daß ich jetzt nur noch als einen wesentlichen Aspekt die *Suchtgefahr* betonen möchte. Mir kommt es dabei weniger darauf an, ein für allemal den vollen Nachweis zu liefern, daß Okkultismus süchtig machen kann. Als Berater orientiere ich mich zuallererst an der Aussage Hilfesuchender selbst, die mir unmißverständlich und vehement zu verstehen geben, daß sie sich oft nach kurzer Zeit des Okkult-Praktizierens „süchtig-abhängig" erlebt haben. Man könnte einwenden, daß dies ja nur umgangssprachliche Formulierung sei und von daher fragwürdig. In der klinisch-psychologischen Fachsprache würde Sucht anders definiert. Abgesehen davon, daß ich die Zeit für ein akademisches Expertengespräch in dieser Problematik für reif halte, hilft natürlich ein Diskurs der Fachleute, ob Sucht oder nicht, den Betroffenen nicht weiter. Für mich ist bei meiner Arbeit im Beratungszimmer die Suchtgefahr durch okkulte Handlungen genügend und gefährlich an den Auswirkungen erkennbar geworden.
Obwohl hiermit der Blick auf den Aspekt der Sucht gelenkt ist, soll das nicht so verstanden werden, daß okkulte Praktiken gleich welcher Art zwangsläufig abhängig machen bzw. zur Sucht führen müssen. Wie bei stoffgebundenen Suchtformen (z. B. Tabletten, Alkohol, illegale Drogen wie Heroin,

Kokain, Haschisch etc.) und stoffungebundenen Süchten (z. B. Spielsucht, Arbeitssucht, Liebes- oder Sexsucht etc.) kommt es auf den Grad des bewußten Umgangs mit dem Suchtmittel an. Bei der Entwicklung einer Suchtkarriere ist zu beobachten, wie oft und zu welchem Zweck ein bestimmtes Mittel oder Verhalten gebraucht wird. Der Übergang vom normalen zum süchtigen Verhalten geschieht meist gleitend. Von wesentlicher Bedeutung ist dabei die seelische, geistige und körperliche Disposition des einzelnen.

Bei Menschen, die süchtig geworden sind, lassen sich bestimmte Gemeinsamkeiten feststellen. Sie alle suchen zunächst eine Veränderung des Gefühls-, Erregungs- oder Bewußtseinszustandes. Gemeinsamer Tenor: Raus aus dem, was jetzt ist. Nur die Fluchtrichtung ist unterschiedlich: aufputschend, dämpfend, halluzinogen.[52]

Wie zuvor erwähnt, wird in der Alltagssprache von „süchtiger Abhängigkeit" gesprochen. Zur Klärung lohnt es sich, sowohl Abhängigkeit als auch Sucht zu definieren:

Abhängigkeit

„bedeutet den Zustand einer krankhaften Interaktion zwischen einer Person einerseits und einer Substanz bzw. der Fixierung auf bestimmte Verhaltensweisen andererseits. Abhängigkeit zeigt sich nicht ausschließlich in der Menge oder Art der Drogeneinnahme, sondern vor allem darin, daß Verhaltensweisen oder Drogen zur dauernden Problembewältigung eingesetzt werden. Wird dieses Verhalten immer stärker und verschärfen sich die äußeren Probleme, so kann sich daraus eine Sucht entwickeln."[53]

Sucht

Werner Gross gibt in seinem Buch „Sucht ohne Drogen"[54] folgende Definition:
„Sucht ist gekennzeichnet durch ein chronisches Ausweichen vor scheinbar unlösbaren Konflikten. Sucht wird heute defi-

niert als ein unabweisbares, starkes Verlangen nach einer Droge (z. B. Heroin, Alkohol, Tabletten) oder einem bestimmten Verhalten (z. B. Spielen, Essen, Arbeiten, Sex) mit dem Ziel, vor dem gegenwärtigen unerwünschten Erlebnis- und Bewußtseinszustand in einen anderen gewünschten zu fliehen. Dieses Ziel kann dauerhaft oder periodisch angestrebt werden. Dem Verlangen werden die Kräfte des Verstandes ebenso untergeordnet wie die Emotionen. Der willentliche Einfluß auf das Suchtverhalten geht mehr und mehr verloren (Kontrollverlust). Es kommt zur Dosis-Steigerung ("*more effect*"). Das Suchtverhalten will immer wieder befriedigt werden (Wiederholungszwang). Der Süchtige kann nicht von seiner Sucht lassen (Abstinenzunfähigkeit). Das Leben zentriert sich immer mehr um das Suchtverhalten (Interessenabsorption)."

Nach Untersuchungen der Weltgesundheitsorganisation (WHO) ist der gemeinsame Nenner jeder Sucht vorwiegend in der psychischen Abhängigkeit des Süchtigen zu finden.
Nahm man früher an, im Rausch werde nur Euphorie gesucht, versteht man heute den Rausch als Ausbruch aus dem Normalen, als Kontrast zum Alltag, als Erfahrung einer Diskontinuität des Erlebens. Es geht also mehr um Ekstase, die wörtlich bedeutet: Aus sich heraustreten.
Durch bestimmte Ekstasetechniken, die von Naturvölkern bei religiösen Handlungen verwendet werden, weiß man, daß ähnliche alternative Zustände des Bewußtseins und des Gefühlslebens auch auf andere Weise herbeigeführt werden können, z. B. durch Trancetanzen oder die in der Psychotherapie bekannte Technik des Rebirthing (Wiedererleben der eigenen Geburt). Dabei stellt der Körper ohne einen von außen zugeführten Stoff veränderte Bewußtseinszustände her, d. h. das Bewußtsein unterscheidet sich von der Art, wie es normalerweise funktioniert. Es geht um eine qualitative Veränderung des Bewußtseins. Möglich ist, daß dabei sogenannte Endorphine, das sind im Körper selbst hergestellte Substanzen, eine Rolle spielen. Dieser Aspekt wird z. Z. in Biochemikerkreisen erforscht und in der Suchttherapie diskutiert.

Im Katalog der stoffungebundenen Süchte bezeichnet Gross okkulte Praktiken neben anderen als „Sucht nach Extremsituationen".[55] Dies ist sicher in besonderer Weise für den Satanismus zutreffend, wenn man die Experimente mit riskanten Situationen, grenzüberschreitenden Ritualen, Arbeit mit der Angst-Lust und die Blutrituale bedenkt.

Aber schon eine ganz gewöhnliche Spiritisten-Karriere weist in der Regel Suchtcharakter auf. Sie kann mit ein- bis zweimaligem Gläser- oder Tischchenrücken ihren Anfang nehmen und unter bestimmten Bedingungen rasch in eine suchtartig betriebene Spiritistenpraxis münden. Andererseits kann eine Okkult-Karriere auch mit dem Pendel oder Tarot beginnen, sich mit der Teilnahme an allerlei Séancen fortsetzen und u. U. bei harten schwarzmagischen Praktiken suchtartig festsetzen.

Beim Okkultismus geht es darum, daß unkontrollierte Kontakte mit dem vermeintlich Übersinnlichen regelrecht süchtig machen können (Professor J. Mischo, Institut für Grenzgebiete der Psychologie und Psychohygiene e.V., Freiburg).

Eine Hauptgefahr beim Okkultismus ist und bleibt, daß man durch den Glauben an die Echtheit der okkulten Erfahrungen aus der Realität herauskippen kann und ein anderes Wirklichkeitsverständnis an deren Stelle tritt. Durch den spiritistischen Glauben an Geister entsteht ein Weltbild, dem man sich ausgeliefert fühlt. Man ist nicht mehr Herr seines Lebens, sondern von guten oder bösen „Geistern" gesteuert oder „besessen". Wie Mischo sagt, wirken okkulte Praktiken so bewußtseinsverändernd wie eine Droge. Und auch hier muß die Dosis dann oft erhöht werden (vgl. die Aussage von Silvie, S. 150f).

Für den Berater ist im Einzelfall nicht schwer zu erkennen, ob suchtartiges Praktizieren gegeben ist. Durch die Berichte des meist hilfesuchenden sozialen Umfeldes eines Betroffenen, aber auch durch die Selbstmitteilung des Okkult-Gläubigen, wird der Grad der Abhängigkeit oder Sucht deutlich offengelegt.

Trotzdem kann der größeren Sicherheit halber anhand einiger Kriterien[56] geprüft werden, ob suchtartiges Verhalten gegeben ist. Dabei ist wichtig zu beobachten:

1. *Wozu werden die okkulten Praktiken benutzt?*
   (Zur Bewußtseins- oder Stimmungsveränderung, als Fluchtburg, Lustgewinn ...)
2. *Für was sind sie Ersatz?*
   (Für Liebe, Zärtlichkeit, Zuwendung, Beachtung, eine bestimmte Rolle ...)
3. *Wovor wird geflohen?*
   (Langeweile, Frust, Sinnlosigkeit, Trauer ...)
4. *Wie oft, in welchen Abständen, bei welchen Gelegenheiten wird die okkulte Handlung vorgenommen?*
5. *Welchen Stil hat die okkulte Handlung?*
   (Ritualisiert, exzessiv, in welcher geistigen/gläubigen Haltung?)
6. *Welche Wirkungen sind festzustellen?*
   (Kurzfristig: halluzinogen, aufputschend, verängstigend; langfristig: wird die Lebensgestaltung vernachlässigt bzw. durch „Geister" geregelt? Wie sieht die Beziehung zu Partnern und Freunden aus? Wird einer geregelten Arbeit nachgegangen, Freizeit, Kriminalität, Sinnfrage etc. ...)
7. *Körperliche Gesundheit:*
   (Sind Schäden festzustellen? Z.B. rituelle Selbstverstümmelung; Verletzung ohne Selbstkontrolle, sozusagen im okkulten Rausch; Essensverweigerung, z.B. als Angsthandlung. Besteht Suizidgefahr?)
8. *Psychische Gesundheit:*
   (Kontrollverlust, Wiederholungszwang mit *„more effect"*, Suche nach immer stärkeren Reizen, immer härteren Praktiken. Wie wird Realität wahrgenommen? Bestehen Angstzustände, Halluzinationen? Werden Stimmen gehört, Geister gesehen, werden z.B. „geistgesteuerte" Zwangshandlungen vorgenommen?)
9. *Zentrierung – wie weit dreht sich das Leben um das okkulte Geschehen?*

10. *Gibt es Entzugserscheinungen, Angstzustände, Verfolgungsängste, Depressionen?*

3 Wie damit umgehen?

a) *In der Beratung*
Aus den vorangehenden Ausführungen mit der Feststellung, daß durch Okkultismus süchtige Abhängigkeit und sogar Krankheit entstehen kann, ergibt sich im Einzelfall die Notwendigkeit der Prüfung, ob ärztliche Behandlung erforderlich und zu empfehlen ist. Dies festzustellen, erfordert Sachkenntnis, Gewissenhaftigkeit und Verantwortlichkeit des Beraters. Nicht bei allem, was zunächst „ver-rückt" aussieht, muß von vornherein medizinisch therapiert werden. Oft hilft das annehmende, um Verstehen bemühte, klärende Gesprächsangebot, die Beeinträchtigung langsam zu lösen und den Gesundungsprozeß zu begleiten.
Allerdings ist die Grenze zur Psychiatrie fließend. Auch kommt es öfter vor, daß sich in den Beratungsgesprächen die Notwendigkeit einer Spezialtherapie herauskristallisiert, wie z. B. einer Ehe- oder Familientherapie, einer Sexualberatung o. ä., an die wir dann weiterleiten.

b) *Wie Sie helfen können*
Stellen Sie sich folgende Situation vor:
Sie haben es sich abends zu Hause gemütlich gemacht, schmökern in einem Buch, hören Ihre Lieblingsmusik. Es läutet Sturm. Tina, Ihre Freundin, stürzt herein, fällt, ohne den Mantel auszuziehen, in den Sessel. „Du mußt mir helfen, ich habe Angst." Und sie erzählt aufgeregt von ihrer Teilnahme an einer spiritistischen Sitzung, von Verstorbenen, Geistern, Botschaften, Vorhersagen ...
Sie werden das Buch beiseite legen, die Taste auf „Aus" drücken und zuhören müssen. Dazu fühlen Sie sich verpflichtet. Zunehmend nimmt Ihr Wohlsein ab. Als die Freundin von Ihnen wissen will, was Sie davon halten und ob Sie

daran glauben und ob es wohl wahr sein kann, daß ... wird Ihnen vielleicht etwas unbehaglich. Auf der Zunge liegt Ihnen schon: „Ist doch alles Quatsch." Doch dann kommt Ihnen der Gedanke: Was ist mit Tina passiert? Sonst ist sie doch ganz vernünftig – und: vielleicht ist ja doch was dran? Was nun?

Für diesen Fall kann ich nur empfehlen, ruhig zu bleiben und Tina zu versprechen, am nächsten Tag mit ihr zu forschen, was es mit dem Erlebten auf sich hat. Bleiben Sie selbst mit Tina im Gespräch, und verarbeiten Sie die eingeholte Information mit ihr zusammen. Sie können ihr auch behilflich sein, einen kompetenten Gesprächspartner zu finden. Gehen Sie ruhig erst einmal mit zu einem solchen Gespräch, wenn sich Tina dadurch sicherer fühlt.

Angeleitet von solch einer konkreten Situation, in die wir heute alle Tage in Schule, Beruf, Familie oder Freundeskreis geraten können, möchte ich einige grundsätzliche Überlegungen anstellen:

Was löst bei uns evtl. dieses Unbehagen aus, wenn Tina oder jemand anderes über Kontakte mit Geistern berichtet, Auskunft und Hilfe erbittet?

Ist es der Blick auf ein mögliches Jenseits mit Wesen und Mächten, deren Einfluß ich nun anscheinend plötzlich einkalkulieren muß? Ist es das Unsichtbare, Unbekannte, Ungewisse an sich, ein nicht einschätzbares, vielleicht sogar übermächtiges Gegenüber? Wir sehen es nicht und haben doch damit zu rechnen?

Sehr schnell entdecken wir, daß die Auseinandersetzung mit dem Okkultismus auf die gewohnte verkopfte Weise, zum Beispiel in der Gegenüberstellung verschiedener Theorien, nur zum Teil geschehen kann. Der eigene Glaubensbereich ist angesprochen und muß in die Klärung einbezogen werden. Neben der Intuition kann eine etwa vorhandene religiöse Einstellung ein weiterer Ratgeber sein.

Es gilt also für den, der Betroffenen helfen will (z. B. Lehrer, Eltern, Freunden), sich Informationen zu besorgen und in einen Prozeß der Meinungsbildung einzulassen. Er muß zu einer eigenen vertretbaren Einstellung zu Jenseits, Geistern, Dämonen etc. kommen und sollte über die gängigsten okkulten Praktiken Bescheid wissen. Dadurch wird er fragbar und kann helfend und klärend dazu beitragen, daß der Okkultismus an Bedrohlichkeit verliert.

Immer wieder werden wir in unserer Einrichtung von Eltern und Lehrern gefragt, ob es denn überhaupt sinnvoll sei, über Okkultismus aufzuklären; ob dadurch nicht gerade Interesse und Neugier geweckt werden.

Schon möglich, doch:

1. Alles, was offen besprochen wird, ist nicht mehr okkult (= geheimnisvoll, verborgen). Wir können es betrachten, drehen und wenden, Faszination und Gefahr erkennen und einschätzen.

2. Indem die animistische Deutung bekanntgemacht wird, überlassen wir den Experimentierenden nicht der „Geister-Deutung". Er ist praktisch gezwungen, die animistische Sicht mitzubedenken. Die Gefährlichkeit ist hochgradig herabgesetzt.

Kommen wir zu Tina zurück. Nehmen wir an, sie wäre aufgrund ihrer spiritistischen Erfahrungen überzeugt, daß die Geister wirklich um uns sind, Einfluß nehmen und gerufen werden können.

Zu welchem Ergebnis sollte Tina Ihrer Meinung nach kommen, wozu möchten Sie ihr verhelfen?

Drei Möglichkeiten sind gegeben:

a) Sie glaubt weiter an Geister, unternimmt aber keine Aktivitäten mehr, da sie Angst davor bekommen hat.

Das ist ungünstig: Da sie das Erlebte und die „Geister" nur eine Etage tiefer verdrängt und auf Vergessen des Erlebten vertraut. Diesen Grund des Aufhörens halte ich für bedenklich, da in diesem Fall nicht weiter hinterfragt und das mit Schrecken Erlebte nicht bearbeitet und geklärt wird. Zu einem späteren Zeitpunkt, vielleicht bei einem zwiespältig oder unglücklich erlebten Ereignis oder in einer Krisensituation kann dieses Unverarbeitete wieder aufbrechen und schädlich wirksam werden, d. h. die „Geister" können in Tinas Psyche ihr Unwesen treiben.

b) Tina lernt von Spiritisten „richtig" mit Geistern umzugehen, z. B. böse Geister von guten zu unterscheiden, Sicherungen einzubauen, um böse Geistkontakte auszuschalten usw. Tina empfindet dann den Kontakt mit dem Jenseits als angenehm, kann u. U. jederzeit auf Lebenshilfe durch ihren „Stammgeist" oder „Schutzgeist" zurückgreifen.

Das ist ebenfalls ungünstig: Die Selbstbestimmung wird abgegeben; es besteht die Gefahr, sich immer weiter aus der Realität zu entfernen; im Extremfall sogar die Gefahr einer psychotischen Entgleisung.

c) Auf die Frage nach den „Geistern" lacht Tina. „Geister? Die habe ich entlassen, ich brauche sie nicht mehr!"

Diese Entwicklung ist günstig: Denn sie hat ihre Kritikfähigkeit wiedererlangt und erkannt, daß ihre Gespräche mit den „Geistern" *Selbstgespräche,* daß die „Botschaften" Hinweise waren auf ihre Bedürfnisse, Ängste, Sehnsüchte, Hoffnungen, Befürchtungen ...

Sie hat gelernt, diesen Spuren nachzugehen, und ist auf dem Weg, ihr Leben immer besser in die eigene Hand zu nehmen. Auch wurde ihr klar, daß ihr vorher eine religiöse Grundlage gefehlt hat. Auch dieser Spur geht sie nach. Sie merkt, daß da etwas in ihr ist, was leben möchte.

Irgendwo ist sie ihren spiritistischen Freunden sogar dankbar, daß sie schließlich, wenn auch über einen Umweg, zu dieser Erkenntnis kommen konnte.

Nur, es tut ihr ein wenig weh, daß die anderen immer noch am Glas sitzen und überhaupt nicht zum Nachdenken zu bewegen sind!

4 Aufklärung und Hilfe – aber nicht so!

Bei Ihrem Wunsch nach Aufklärung zum Okkultphänomen können Sie auf verschiedene Sichtweisen stoßen, die teilweise sehr bedenklich sind:

1. *„Ist alles Quatsch"*
Über die Behauptung: „Ein Glas kann sich gar nicht bewegen", sei sie noch so überzeugend vorgetragen, sollten Sie nur lächeln und sich keinesfalls ärgern. Eine solche Aussage zeugt von fehlendem Wissen und hat keinen aufklärerischen Wert. Die echte Auseinandersetzung wird im Ansatz blockiert.

2. *Aufklärung aus der Zauberecke*
In letzter Zeit sind auch in den Medien immer wieder „Zauberkünstler" aufgetreten, die glauben machen und beweisen wollen, daß „alles fauler Zauber" ist. Mit diesen Künstlern ist übereinzustimmen, wenn sie sagen: „Manches ist fauler Zauber." Ganz sicher wird im gesamten Bereich der Okkultismusszene viel getrickst, geschoben, betrogen und gemacht. Wird das berücksichtigt und abgezogen, bleibt eine gehörige Portion, die mit Zauberei nicht das Entfernteste zu tun hat. Um der Wahrheit willen möchte ich davor warnen. Denn: Ein Glas bewegt sich bei der spiritistischen Sitzung ohne Zaubertrick und ohne „Schiebung". Genau an dieser Stelle muß der Ansatz des seriösen Aufklärers und Beraters sein.

3. *Warnung vor dem „Teufelswerk"*
Die Warnung einer Mutter: „Du darfst nie an einer spiritistischen Sitzung teilnehmen, weil du dich dadurch mit Geistern und Dämonen einläßt", halte ich für gefährlich. Entweder entspringt diese Warnung wirklich dem Glauben der Mutter, oder sie ist ein Versuch (vielleicht aus Hilflosigkeit) abzuschrecken.
Diese Mutter steht allerdings nicht allein mit ihrer Meinung. In der Aufklärerszene verkünden einige Stimmen unüberhörbar, daß der ganze Okkultismus „Teufelswerk" sei.

Hier wird nicht mit Einsichten gearbeitet, sondern mit Furcht und Schrecken. Die Möglichkeit, die Vorgänge des Okkulten durchsichtig zu machen, die Aufklärung angstfrei zu gestalten und dadurch zu entkrampfen, wird nicht genutzt. Statt dessen wird erneut in den Machtbereich von Teufel und Dämonen verwiesen.

Diese meist fundamentalistisch-christlichen Aufklärer (die Bibel wird wörtlich verstanden) predigen, daß es sich bei okkulten Ritualen (Pendel, Tarot, Gläserrücken etc.) um das direkte Wirken dämonischer Mächte handelt und jeder, der sich solcher Praktiken bedient, automatisch in Abhängigkeit von satanischen Mächten begibt, selbst wenn er nur einmal daran teilgenommen hat. Der Begriff „okkult belastet" wurde dafür geprägt.

Ein Beispiel eines solchen Aufklärers ist der holländische reformierte Pfarrer Wilhelm C. van Dam. Er verwendet den Begriff der „okkulten Belastung" außerordentlich weit. Selbst Anhören von Rockmusik, Augendiagnose, die Teilnahme an Veranstaltungen zu Yoga, Meditation und autogenem Training reicht für ihn aus, okkult belastet zu sein. Er sagt: „Bei der Beschäftigung mit dem Okkultismus werden Kräfte und Strömungen freigesetzt, die vom Teufel kommen und vom Menschen aufgenommen werden" (Vortrag in Essen am 22. 8. 1989). Nach Pfarrer van Dam kann ein aktuelles Lebens- und Gesundheitsproblem (Schlafstörungen, Fieber, Eßzwang, körperliche Störungen, sexuelle Verirrungen) Zeichen für okkulte Belastung sein. Selbst wenn der Betroffene nie an einer Sitzung teilgenommen hat, nie beim Wahrsager war, nie ein Horoskop gelesen haben sollte, könnte die okkulte Belastung eventuell auf kartenspielende Vorfahren zurückzuführen sein. In seinem Buch „Okkultismus und christlicher Glaube"[57] führt er aus: „Alle Seelsorger, die sich mit diesem Gebiet beschäftigen, stellen fest, daß okkulte Störungen erblich sein können ..., daß okkulte Fähigkeiten von Generation zu Generation auftreten. Aber auch die damit verbundenen Störungen kommen in nachfolgenden Generationen vor ... Man kann auch an die Tatsache erinnern, daß die Bibel jede okkulte

Betätigung als Götzendienst – als Gotteshaß – bezeichnet. Die Übertretung des göttlichen Gebots hat Folgen bis in die dritte und vierte Generation (2 Mose 20, 5)."

Einzige Möglichkeit der Hilfe nach Pfarrer van Dam: Satan abzusagen und Gott um Befreiung zu bitten, sozusagen mit fliegenden Fahnen einen Wechsel des Machtbereiches vorzunehmen. Aus meiner Sicht wage ich grundsätzlich, solche Glaubensakte als Angsthandlungen in Frage zu stellen. Bedenklich erscheint mit dabei:

– daß die Probleme und Unpäßlichkeiten, um die es geht und die als Zeichen für die okkulte Belastung gedeutet werden, ausgelagert und einer außer mir befindlichen bösen Macht zugeschrieben werden. Dadurch wird das Herausfinden der Gründe für die eigenen Probleme und Störungen vernachlässigt, Verantwortung abgeschoben und ein notwendig heilsamer Prozeß verhindert. Die Reifung der Persönlichkeit kann beeinträchtigt werden.

– daß der Glaube an die Macht Satans wiederum übermäßig bestärkt, der Glaube dämonisiert wird. Ich habe ständig darauf bedacht zu sein, alles zu vermeiden, was mich mit Satan und Dämonen in Berührung bringen könnte. Glaube und Kraft werden stark in diese Richtung gebunden. Die freie schöpferische Entfaltung eines frohen, angstfreien und kraftvollen Glaubens wird zwangsläufig behindert.

Dem Begriff der „okkulten Belastung" – der ja eine dualistische Weltsicht voraussetzt – entgegen steht die Erklärung des Schattens, wie sie von C. G. Jung verwendet wird. Gemeint ist damit die „dunkle" Seite unseres Wesens, die uns stets begleitet und als finstere und unerwünschte Seite unserer psychischen Natur anmutet. Es ist das, was wir als „böse" betrachten. Der Schatten setzt sich aus Dingen zusammen, die wir zurückgewiesen haben. Bleibt er völlig verdrängt, übt er einen äußerst störenden Einfluß auf unser Leben aus. Der Kern dieses Schattens kann angepaßt an die christliche Vorstellung – wie C. G. Jung sagt – als Satan bezeichnet werden. Satan wäre nach dieser Theorie der ewige Gegner dessen, was immer den Menschen als gut und richtig erscheint; er repräsentiert das böse Prinzip hinter der bösen Tat; die Sünde, die stets gehaßt werden muß, auch wenn man den Sünder liebt; das absolut Böse ohne den geringsten positiven Aspekt. In irgendeiner Form taucht er in jeder Religion und in jedem Mythos auf: im Hinduismus zum Status einer Gottheit der Zerstörung erhöht, im Christentum zur Hölle verbannt und in den alten Mythen in ständigem Konflikt mit dem Gott des Glücks.[58]

Dieser Sicht entsprechend, liegt der rechte und befreiende Umgang mit dem Bösen nicht in der Distanzierung zu einer als böse gedeuteten äußeren Macht, sondern in der inneren Begegnung, dem Bewußtwerden und der Annahme des dunklen Anteils des eigenen Wesens.

5 Empfehlungen für den Umgang mit dem Okkultismus und Betroffenen

Generell gilt

1. Ein günstiges Vorgehen ist, weder zu verharmlosen noch zu übertreiben, sondern ernstzunehmen und sich um eine realistische Einschätzung zu bemühen. Dazu ist erforderlich,
2. sich zu informieren, um
3. sich eine eigene Meinung zu bilden und
4. mit Freunden und Bekannten darüber sprechen zu können und so Betroffenheit zu reduzieren und das Feld der Aufklärung zu erweitern.

Sofern Sie um Hilfe gebeten werden, gilt es:

5. Die Erfahrungen des Betroffenen ernstzunehmen und niemals zu bestreiten, sondern
6. nur die Deutung (z. B. der Botschaften von „Geistern") in Frage stellen; bemüht sein, von der spiritistischen Sicht weg zur animistischen Deutung zu lenken, also hin zu einer kritisch hinterfragenden Haltung;

7. den Betroffenen oder seine Angehörigen am besten zu einer (möglichst in der Nähe befindlichen) Beratungsstelle zu vermitteln oder zu begleiten. Die Bearbeitung der bereits vorliegenden Erfahrungen und der entstandenen Ängste, die Lösung aus der Verhaftung und das Herausfinden der Motive, die Grund zur Hinwendung zum Okkultismus waren, sind unerläßlich.

8. Auf keinen Fall zögern, für sich selbst oder für andere um Hilfe zu bitten. Je eher, desto besser kann es zu befreienden Einsichten kommen und ein schmerzhafter Prozeß so vielleicht gerade noch vermieden werden.

EIN PERSÖNLICHES NACHWORT

Vor Jahren kam ich ganz unfreiwillig zur Beschäftigung mit dem Okkulten, da diese Problematik der Arbeit unserer Beratungsstelle nachträglich zugewachsen ist. Ich wurde sozusagen im Beratungszimmer ohne Vorbereitung damit konfrontiert. Ich entsinne mich, daß ich damals ziemlich heftig mit innerlicher Abwehr reagiert habe.

Mittlerweile habe ich die Arbeit in diesem Bereich nicht nur angenommen, sie ist mir lieb geworden, und dies, obwohl der Erfolg oft weit hinter dem Gewünschten zurückbleibt. Erneut ist mir bestätigt worden, daß auch hier wieder Zuwendung der Zauberschlüssel ist, der die oft dick verrammelten Türen spielend öffnet.

Ich möchte diesen Schlüssel an Sie weitergeben. Not und Verzweiflung des anderen hat wesentlich mit uns zu tun, nämlich mit dem Mangel, den er durch uns, durch mich, erfährt. Hier sind wir absolut gefordert. Liebende Aufmerksamkeit und fühlsame Bereitschaft können bewirken, daß mein Mit-Mensch fragwürdige Jenseits-Kontakte etc. nicht nötig hat. Ist nicht ein Hauptleiden unserer Zeit, daß sich ein Großteil der Menschheit auf einem Ego-Trip befindet, der als Hauptmerkmal ein Kreisen um sich selbst, eine bindende Egozentrik, ausweist? „Dein Problem ist dein Problem, sieh zu, wie du zurechtkommst, Hauptsache, ich habe mein Schäfchen im Trockenen": dieser Satz gibt Auskunft über die Denk- und Handlungsweise von vielen.

Wegweisend könnte sein, was Viktor E. Frankl, der Begründer der Logotherapie, sagt. Er hat den Begriff der Selbsttranszendenz geprägt. Damit meint er – nicht religiös gesehen – das Faktum, „daß menschliches Dasein immer auf etwas verweist, das nicht wieder es selbst ist – auf etwas oder auf jemanden, nämlich entweder auf einen Sinn, den es zu erfüllen gibt, oder auf mitmenschliches Dasein, dem es begegnet." Frankl sagt: „Wirklich Mensch wird der Mensch also erst dann, und ganz er selbst ist er nur dort, wo er in der Hingabe an eine Aufgabe aufgeht, im Dienst an einer Sache oder in der Liebe zu einer anderen Person sich selbst übersieht oder vergißt."[59]

So gesehen: Was könnte uns daran hindern, Beziehungs-
angebot für den anderen zu werden, d.h. Mensch für den
Menschen zu sein und dadurch sogar die Chance des eigenen
Menschwerdens zu erhalten? Ist dies nicht eine Einladung
mit Geschenkcharakter?

Für ein Zweites bin ich dankbar. Vor allem durch die intensive Beschäftigung mit Aberglauben, Magie und Spiritismus
ist mir vieles über unser Menschsein deutlich geworden, z.B.
- über die Tiefe unseres Menschenwesens, die wohl nur ge-
  ahnt, der aber immer mehr nachgespürt werden kann,
- über das darin schlummernde Potential, das darauf wartet,
  entdeckt und immer mehr genutzt zu werden,
- über unsere so fein reagierende und arbeitende Psyche, die
  als Kostbarkeit erkannt und gepflegt sein will, mit der aber
  auch gerechnet werden kann und muß.

Immer deutlicher wird in unserer Zeit, daß nur im Zusammenwirken von Leib, Seele und Geist dieses schlummernde
Potential zur Entfaltung und zur Ganzheit kommen kann.
Was hindert uns daran, uns des eigenen Person-Seins und der
eigenen „Talente" bewußt zu werden, uns daran zu freuen
und vielleicht gar noch damit zu „wuchern"? In seiner eigenen Wirklichkeit kann jeder von uns die in ihm grundgeleg-
ten Schätze entdecken und leben – ein Weg zu schöpferi-
schem Leben. Das heißt: Nur orientiert an den uns individuell gegebenen Möglichkeiten; im Kontakt mit uns selbst
können wir selbstbewußter, selbstbestimmter und ganz sicher freier und froher werden. Im Gegensatz zum zwingenden
„Machen-wollen" mit Hilfe okkult-magischer Rituale und
Praktiken gilt es, bewußt zu entdecken und zu entwickeln,
was in der eigenen Person begründet ist und gelebt sein will.

Vor dem Hintergrund vieler Beratungsgespräche möchte ich
speziell meine Geschlechtsgenossinnen bestärken, mehr auf
sich zu vertrauen. Sehr viel, zuviel wird an uns herangetragen:
Welchem Bild wir zu entsprechen haben, auf welche Weise

wir schick und „in" sein müssen. Nicht zuletzt wird so zur Zeit die Okkultwelle über die Medien, speziell durch die Frauenzeitschriften, an uns herangeschwemmt. Ob es wichtig ist, in diesem Sinne „in" zu sein? Ich meine, nur man selbst zu sein ist wichtig – und das ist das eigentliche „In-Sein". Mein Appell: Bleiben wir gesund kritisch, üben wir uns in selbstbewußter Distanz, und schwimmen wir nicht immer dahin, wo man den Fluß, vor allem zu Zwecken der Vermarktung, fließen läßt. Nur gegen den Strom geht es zur Quelle!

In den vergangenen Jahren ist mir in der Beschäftigung mit Okkultbetroffenen besonders aufgegangen, wie wenig und flach allgemeinhin geglaubt wird und wie sehr dagegen wirklicher Glaube gesucht wird: Ein Glaube, der das Leben berührt und durchwirkt; der Fragen beantwortet, die das Leben deuten und über das Leben hinausgehen. In unserer Seele ist eine Sehnsucht, eine treibende Kraft, die in Bewegung ist zu dem, was ich als größer vermute; was mehr ist als ich, Ursache ist für mich; zu dem, was über mich hinausweist. Es ist eine Naturanlage, die hinzieht zum Unendlichen. Helfen wir einander, diese freizulegen, und machen wir nicht mit bei Tabuisierung oder Negierung dieser Wirklichkeit. Die Okkultwelle hat es freigespült: Glauben ist ein Menschenthema.

ANHANG

Anmerkungen

[1] Chr. Schütz (Hrsg.), Praktisches Lexikon der Spiritualität, Herder, Freiburg 1988

[2] Rüdiger Hauth, Referat Tagung Aktion Jugendschutz (AJS) in Herne, 27. 6. 1988, in: AJS-Forum 4-5/1988

[3] Friedrich W. Haack, Aberglaube, Magie, Zauberei, Münchener Reihe, 1987

[4] Christian Weis, Begnadet, besessen oder was sonst, Otto Müller Verlag, Salzburg 1986

[5] Das Wort „Parapsychologie" wurde 1889 von Max Dessoir vorgeschlagen (vgl. W. F. Bonin, Lexikon der Parapsychologie, Fischer, Frankfurt/M. 1981

[6] Chr. Schütz (Hrsg.), Praktisches Lexikon der Spiritualität, Herder, Freiburg 1988

[7] Arbeitsblätter für den Religionsunterricht, VKR-Materialdienst, Christmann, Hannover (VKR = „Verband Katholischer Religionslehrer an berufsbildenden Schulen")

[8] W. v. Dam, Okkultismus und christlicher Glaube, Verlag Joh. Fix, Schorndorf, S. 75 ff, 2. Auflage, 1986

[9] Vgl. Hans Waldenfels (Hrsg.), Lexikon der Religionen, Herder, Freiburg 1987

[10] nach Reinhold Ruthe, Medien, Magier, Mächte, Brendow-Verlag, Moers 1988

[11] Friedrich W. Haack, Aberglaube, Magie, Zauberei, Münchener Reihe, 1987

[12] Nach W. van Dam, Vortrag vom 5. 12. 1986

[13] Tom Graves, Pendel und Wünschelrute: Radiästhesie, München, 1982, S. 45

[14] Reimann/Prokop, 1977

[15] W. Hund, Alles fauler Zauber, Okkulte Phänomene, was steckt dahinter, Verlag die Schulpraxis 1988

[16] Georg Bienemann, Pendel, Tisch und Totenstimmen, Christophorus Verlag, Freiburg 1988

[17] W. Hund, Auszug aus: Okkulte Phänomene, was steckt dahinter, Verlag die Schulpraxis 1988

[18] P. M., Perspektive Jenseits, Gruner & Jahr, München 1989, S. 33

[19] Evangelische Zentralstelle für Weltanschauungsfragen, Materialdienst 12/88: Grenzgebiete der Wissenschaft 37, 1988, S. 76 – 88

[20] P. M., Perspektive Jenseits, S. 32

[21] P. M., Perspektive Jenseits, S. 31

[22] P. M., Perspektive Jenseits, S. 30 f

[23] Gerd Ziegler, Tarot – Spiegel der Seele, Handbuch zum Crowley-Tarot, Urania Verlag, 1984

[24] Horst E. Miers, Lexikon des Geheimwissens, Goldmann, München 1986

[25] Ralph Blum, Runen, Hugendubel, München 2. Aufl., 1987

[26] Otto Prokop/Wolfgang Wimmer, Der moderne Okkultismus, Gustav Fischer Verlag, Stuttgart/New York, 1987, S. 7 – 14

[27] Prokop/Wimmer, Der moderne Okkultismus, a. a. O.

[28] Horst E. Miers, Lexikon des Geheimwissens, a. a. O.

[29] Friedrich W. Haack, Aberglaube, Magie, Zauberei, Münchener Reihe, 1987

[30] nach W. Hund. a. a. O.

[31] Friedrich W. Haack, Spiritismus, Münchener Reihe, 1984

[32] Friedrich W. Haack, Gabriele Witteks Universelles Leben, Münchener Reihe 1986
Hans Enz, Die Prophetin, Luck Verlag, Berlin 1986

[33] Materialdienst der Evangelischen Zentralstelle für Weltanschauungsfragen 7/89

[34] Materialdienst der Evangelischen Zentralstelle für Weltanschauungsfragen 8/89

[35] Beate und Wolfgang Christmann, VKR Materialdienst Niedersachsen, Art. Blätter zum Thema New Age, Esoterik, Okkultismus und mehr (1 – 88)

[36] Horst E. Miers, Lexikon des Geheimwissens, Goldmann, München 1986

[37] Reinhold Ruthe, Medien, Magier, Mächte, Brendow Verlag, Moers 1988

[38] J. B. Bauer (Hrsg.), Bibeltheologisches Wörterbuch, Styria, Graz/Wien/Köln ²1962

[39] Katholischer Erwachsenen-Katechismus. Das Glaubensbekenntnis der Kirche. Hrsg. v. d. Deutschen Bischofskonferenz, Kevelaer u. a. ³1985, S. 112

[40] Evangelischer Erwachsenen-Katechismus, Gütersloher Verlagshaus Gerd Mohn, Gütersloh ²1975

[41] Vgl. hierzu das motivgeschichtliche Standardwerk von Mario Praz, Liebe, Tod und Teufel. Die schwarze Romantik, Bd. 1 u. 2, München 1970 (dtv 4051/52); ital. Ausgabe Florenz 1930

[42] John Symonds, Das Tier 666, Leben und Magick, Hrsg. v. W. Bauer, Basel 1983

[43] Friedrich W. Haack, Scientology, Magie des 20. Jahrhunderts, Claudius Verlag, München 1982

[44] Friedrich W. Haack, Geheimreligion der Wissenden, 1966

[45] Knaut, Testament des Bösen, 1979, S. 133

[46] Rüdiger Hauth, AJS Forum 4 – 5/88, a. a. O. (s. Anm. 2).

[47] Harald Baer, Unsere Seelsorge, hrsg. Bischöfl. Generalvikariat Münster, Oktober 1986

[48] Flensburger Hefte 19/87

[49] Anton LaVey, The Satanic Bible, Avon Books, Los Angeles, 1969

[50] Bernhard Welte, Das Licht des Nichts, Patmos, Düsseldorf 1980

[51] Helmut Hark, Religiöse Neurosen, Kreuz Verlag, Stuttgart 1988

[52] Vgl. Werner Gross, Sucht ohne Drogen, Fischer Taschenbuch, Frankfurt/M. 1990

[53] Werner Gross, Hinter jeder Sucht ist eine Sehnsucht, Herder Taschenbuch, Freiburg ⁴1990, S. 21

[54] Werner Gross, Sucht ohne Drogen, a. a. O., S. 22

[55] Werner Gross, Sucht ohne Drogen, a. a. O., S. 23

[56] In Anlehnung an Gross, Sucht ohne Drogen, a. a. O., S. 29

[57] W. v. Dam, Okkultismus und christlicher Glaube, a. a. O., S. 114

[58] Vgl. David Cox, Analytische Psychologie, Goldmann Taschenbuch, München 1977

[59] Viktor E. Frankl, Theorie und Therapie der Neurosen, Ernst Reinhardt, ⁶1987, S. 10

Begriffserklärungen

Aberglaube: Abgeleitet von „Afterglaube" (spätmittelalterlich), d. h. „verkehrter Glaube". Verwendet heute für Denkvorstellungen, die dem herrschenden wissenschaftlichen Weltbild widersprechen.

Akasha-Chronik: (*akasha*: Sanskritwort: „Raum-Äther") Von Rudolf Steiner, dem Begründer der Anthroposophie, geprägter Begriff für eine Art kosmisches Gedächtnis oder auch Weltengedächtnis. Alles Vergangene, Gegenwärtige und auch Zukünftige, der Weltenlauf und das Schicksal eines jeden Lebewesens soll dort vorherbestimmt und niedergeschrieben sein. Medial Begabte bieten oft Lesungen aus der Akasha-Chronik an. Ansonsten bedarf es der Hilfe eines Geistwesens.

Amulett: Gegenstand, welcher die Kraft besitzen soll, negative Einflüsse von seinem Besitzer fernzuhalten, ihn zu beschützen.

Angriff, magischer: Vorstellung, daß man mit Hilfe bestimmter schwarzmagischer Rituale (Schwarze Messen) Dämonen anrufen kann, die einem dann helfen, einer anderen Person Schaden zuzufügen.

Animismus: (von lat. *anima*, „Seele"), ursprünglich verwendete Bezeichnung für die Vorstellung, alle Dinge seien beseelt. Manche Autoren sahen im Animismus die älteste Religionsform.
Heute wird A. in der Parapsychologie verwendet zur Erklärung paranormaler Erscheinungen durch psychische Kräfte, vor allem des Unterbewußtseins. Das Vorhandensein dieser Erscheinungen wird nicht ausgeschlossen, jedoch auf telepathische, hellseherische, präkognitive und psychokinetische Fähigkeiten zurückgeführt.

Anrufung: In der rituellen Magie die Kontaktaufnahme mit einem übermenschlichen Wesen (einem Dämon, Geistwesen, Satan etc.) durch Nennung des Namens in einer unverständlichen Sprache oder rückwärts ausgesprochen.

Antichrist: (lat.: „Gegner Christi"), das personifizierte Böse, das bei den Satanisten laut Auslegung der geheimen Offenbarungen des Johannes (nicht des Apostels Johannes aus dem Neuen Testament) als *To Mega Therion* (griech. „das große Tier") mit der Zahl 666 bezeichnet wird. Crowley bezeichnete sich zeitweilig als Meister Therion.

Apport: Im Spiritismus das plötzliche Erscheinen- und Verschwinden-Lassen von Gegenständen oder auch lebendiger Organismen, also das Herbeischaffen von Objekten, die sich nicht in der Räumlichkeit befanden, in der das Experiment stattgefunden hat.

Archetypen: Nach dem Psychologen C. G. Jung sind es Bilder, die im Traum, im Dämmerzustand, in Trance hervortreten können. Sie sind Produkte eines „kollektiven Unterbewußten". Die Archetypen offenbaren Symbole, wie sie zu allen Zeiten und bei allen Völkern lebendig waren.

Astralkörper: Astralleib, Astralkörper – wird auch als „feinstofflicher Leib" oder „Geistleib" bezeichnet. Im Okkultismus u.a. als Träger der Seele angesehen. Soll auch Träger der Lebenskraft sein und sich vom physischen Körper trennen können.

Astralreisen: Der Astralleib soll sich im Traum oder durch einen bewußt herbeigeführten Trancezustand vom Körper trennen können und Reisen in die Vergangenheit, die Zukunft und das Jenseits machen können.

Astrologie: Sternenlehre. Nicht zu verwechseln mit Astronomie. Astrologie ist Sterndeutekunst, Lehre von der angeblichen Abhängigkeit des Schicksals des einzelnen Menschen, auch ganzer Völker und Staaten, von der Stellung und dem Lauf der Gestirne.

ASW: <u>A</u>ußer<u>s</u>innliche <u>W</u>ahrnehmung. In der Parapsychologie benutzter Fachausdruck für Telepathie, Hellsehen, Präkognition und andere Formen der Informationsübermittlung ohne Zuhilfenahme der bekannten Sinne. Auch die spiritistische Medienschaft fällt unter diesen Begriff. Engl.: ESP (*extra sensory perception* = außersinnliches Begreifen).

Aura: (lat. „Hauch") Um den Körper soll es ein mehrschichtiges Energie- bzw. Schwingungsfeld geben, das den Körper lichtkranzartig als Farbspektrum umgibt. Diese feinstoffliche Ausstrahlung soll Auskunft über Stimmung, Charakter, Schicksal usw. geben.

Automatisches Schreiben: „Kontakt mit Geistern" wird hergestellt durch: 1. Schreiben in Trance (die Hand des Mediums soll vom Geist gelenkt werden); 2. Schreiben mit einem Tischchen (Planchette), von dem ein Bein durch einen Stift ersetzt wird (Auflegen der Hand oder der Finger).

Automatismen: (griech.: „ein sich selbst Antreibendes") In der Psychologie die Bezeichnung für Tätigkeiten und psychisches Verhalten, das ohne

Kontrolle des Willens oder bewußte Steuerung abläuft (nach langem Training im Alltag, zum Beispiel Fahrradfahren, Schwimmen, Autofahren usw.).

Baphomet: Ziegenköpfige Gestalt mit Flügeln und Brüsten, oft als Symbol Satans oder auch als Teufelsgestalt benutzt.

Besprechen: Eine mit der Magie verwandte Art von (teils abergläubischen) Handlungen, die in Anwendung gebracht werden, um die Fortdauer nachträglich wirkender oder gefahrdrohender Zustände auszuschalten. So werden namentlich besprochen: Krankheiten, Wunden, fließendes Blut, Feuer, Warzen usw.

Bilokation: Gleichzeitiges Erscheinen einer Person an zwei Orten (per Astralleib).

Chakra: (sanskrit: Rad) Feinstoffliches Energiezentrum im Körper, das eine Verbindung zum grobstofflichen Körper sein soll. Im Körper sollen sich sechs Hauptchakren befinden, ein siebtes befindet sich außerhalb des Körpers über dem Scheitel des Kopfes. Die Chakren sollen die kosmische Energie als Regulatoren sammeln und verteilen. Mit Hilfe bestimmter Techniken soll eine Harmonie zwischen dem geistigen Leib und dem körperlichen Leib erzeugt werden können.

Channeling: Eine neuere Art des Spiritismus, die glaubt, „Channel" (engl. = Kanal) zu sein für höhere Intelligenzen aus der jenseitigen Geisterwelt.

Chirologie: (griech.: Handlesekunst). Charakterdeutung auf der Grundlage von Hand- und Fingerform und der Handlinien.

Chiromantie: (griech.: „wahrsagerische Handlesekunst"). Wahrsagung aus der Hand auf der Grundlage von Hand- und Fingerform und der Handlinien.

Dämonen: Böse Geister, Anhänger Satans.

Déjà-vu: Die Ansicht, etwas Gegenwärtiges schon einmal erlebt zu haben.

De-Materialisation: Das Verschwinden materieller Gebilde, die angeblich von Geistern bei spiritistischen Sitzungen hervorgerufen werden.

Esoterik: („innerlich, verborgen", Geheimwissen). Steht ursprünglich für ein Wissen, welches nicht jedem zugänglich ist (Gegenteil ist Exoterik).

Exorzismus: Beschwörung und Austreibung von „bösen Geistern" mit Hilfe von „guten Geistern".

Fetisch: (von lat. *facere* = „machen" über ital. *fattizo* = „künstlich") beliebiger künstlicher Gegenstand (aus Stein, Horn oder auch Holz gefertigte Tier- oder Menschenfiguren), der verehrt wird, da ihm übernatürliche Kräfte zugeschrieben werden. Abarten des Fetisch sind: Amulett und Talisman.

Fetischismus: In der Völkerpsychologie Bezeichnung für den Glauben an die geheimnisvolle, übersinnliche Macht lebloser Gegenstände. Im Fetisch ruht ein gebannter Dämon, er ist eigentlich ein Individuum. Fetischismus ist die ursprünglichste Form eines Kultes.

Geister: Unsichtbare Wesen, die sich durch Handlungen oder Äußerungen bemerkbar machen können.

Geistheilung: Heilung von Krankheiten auf geistigem Weg. Der Geist wird als reine, verdichtete Energie oder als feinstoffliche Energie gesehen. Der Heiler kann dabei mit seinen eigenen feinstofflichen Energien arbeiten, oder er ist nur Mittler zwischen übernatürlichen Wesenheiten und dem Patienten, oder er stellt Harmonie zwischen dem Übernatürlichen Geist und der Seele her.

Gespenster: Geistwesen, die durch einen unnatürlichen Tod (Unfall, Mord oder Selbstmord) zum „Bleiben" gezwungen sind und sich als Sühne- oder Warn-

erscheinungen oder infolge eines Fluchs immer wieder zeigen müssen. Oft an ganz bestimmten „Spukorten", in bestimmten „Spukhäusern".

Gläserrücken (gläseln): Bei einer Séance wird in die Mitte eines runden Tisches mit glatter Oberfläche ein umgedrehtes Glas gestellt. Außen herum liegen die Buchstaben des Alphabets, die Zahlen von 0 – 9 und „Ja"/„Nein"-Karten. Nach Auflegen der Finger der Teilnehmer auf das Glas beginnt dies zu rutschen und gibt „Antworten" auf gestellte Fragen.

Halluzination: Sinnestäuschung.

Hellsehen: Übersinnliche Wahrnehmung objektiver Vorgänge (unabhängig von Entfernung und Zeit).

Hexagramm: Sechseck, magisches Symbol.

Hypnose: (von griech. *hypnos* = „Schlaf"), schlafähnlicher Zustand, der künstlich herbeigeführt wird. Es gibt verschiedene Stufen der Hypnose. Die meisten Menschen sind hypnotisierbar (80 – 90 %), besonders Frauen. Aber nur wenige erreichen die tiefen Stufen.

Initiation: (lat.: „Einweihung") Rituelle Aufnahme eines Neulings in einen Geheimbund.

Kabbala: (hebr.) Überlieferung; eine mittelalterlich-jüdische Geheimlehre mit allegorischer (sinnbildlicher, gleichnishafter) Deutung der Heiligen Schrift.

Karma: (sanskrit: „Tat, Handlung") Die im Hinduismus begründete Vorstellung, daß jede menschliche Tat eine vergeltende Tat nach sich zieht. Gute und böse Taten führen zu einem entsprechenden Wiedergeborenwerden. Alles Sein soll diesem Kreislauf unterzogen sein. Nach dem karmischen Gesetz sollen unsere Taten aus dem früheren Leben unser jetziges Leben bestimmen. Alles, was in einem früheren Leben nicht gelöst wurde, wird als erneute Aufgabe vorgelegt.

Kirlianfotografie: Hochfrequenzfotografie (benannte nach S. D. Kirlian), die den Beweis für die Aura von Lebewesen liefern soll. Objekte bilden „Strahlenkränze" auf Fotoplatten/Filmen.

Levitation: „Hochschweben" von Gegenständen oder Menschen, ohne daß eine physikalische Kraft beteiligt ist.

Magie: Zauberei, Geheimkunst; zunächst eine allen Kulturen eigene Seelenhaltung, die dem kausalen Denken widerspricht. Magie versucht, durch bestimmte Praktiken wie Riten, Orakel, Zauber, Anrufen von Geistern, Tiere, Pflanzen und Gegenstände zu beeinflussen, und zwar unter Zuhilfenahme von verborgenen Naturkräften oder dämonischen Mächten. Man unterscheidet „weiße" und „schwarze" Magie.

Materialisation: Verschwinden und Auftauchen von Objekten.

Medium: „Mittler" zwischen Verstorbenen und Lebenden; stellt bei spiritistischen Sitzungen die Verbindung her und empfängt Botschaften aus dem „Jenseits".

Mesmerismus: Von dem Magnetiseur und Arzt Dr. Franz Anton Mesmer (1734 – 1815) begründete Heilweise aufgrund eines hypothetisch angenommenen Fluidums; dieses sei eine das Weltall durchdringende Kraft oder ein Stoff äußerster Feinheit.

Necronomicon: „Das Buch der Totennamen". Ein Zauberbuch der Schwarzen Magie.

Nekromantie: Weissagung der Zukunft durch das Anrufen der Totengeister.

Od: Spiritistischer Begriff. Eine Kraft, die vom Menschen ausstrahlt und auf die mediale Personen reagieren.

Okkultismus: (Okkult, lat. *occultus* = „geheim, verborgen".) Alle Erscheinungen und Praktiken, die auf eine jenseits unserer erfahrbaren Wirklichkeit liegende „Wirklichkeit" Einfluß nehmen wollen, indem sie sich dazu besonderer Techniken und eines besonderen Wissens bedienen. O. ist ein seit dem Mittelalter zur Kennzeichnung geheimnisvoller Kräfte von Natur und Seele verwandtes Wort.

Orakel: (ital.) „Weissagung", auch der Ort, an dem eine Weissagung durch Götter gegeben wird. Auch eine magische Handlung, mit der man die Zukunft zu enträtseln hofft.

Oui-ja-Brett: Papier oder Karton mit Buchstaben des Alphabets. Im Schnittpunkt zweier Stäbe befindet sich ein Stift, der die Buchstaben antippt („Geisterschreiben").

Para: (griech.) = „jenseits, neben".

Paranormal: Bezeichnung für die Eigenart jener Naturerscheinungen, die im Grenzbereich zwischen dem Normalen und Anormalen bzw. auch zwischen den Horizonten des Natürlichen und Außerbzw. Übernatürlichen liegen.

Parapsychologie: „Neben" der Psychologie befindliche „Wissenschaft", die sich mit der Erforschung jener psychischer und psychophysischer Erscheinungen beschäftigt, die mit den bekannten Naturgesetzen nicht erklärbar scheinen (das Wort wurde 1889 von Dessoir geschaffen).

Pendeln: Mit Hilfe des Pendels Diagnosen physischer oder psychischer Art stellen: Dabei liegen den Schwingungen des Pendels – das als Indikator dient – unbewußte Muskelkontraktionen zugrunde, die von der Zielvorstellung des Pendlers induziert sind. Der paranormale Informationsgewinn kann auf mehrere Weisen angestrebt werden:
1. physikalisches Pendeln: auf reale Dinge gerichtet (Wasser, Erzadern), paraphysiologisch bedingt.
2. mentales Pendeln: auf Sachverhalte bezogen (Ortsangaben, Informationen über Leben und Tod einer bestimmten Person, Gesundheit, Aussagen über das Geschlecht eines ungeborenen Kindes usw.), rein paranormal.

Pentagramm: fünfzackiger Stern, auch Drudenfuß genannt.

Planchette: Brettchen mit drehbaren Rollen und einem Schreibstift, der Botschaften aus der „übersinnlichen" Welt schreiben soll, wenn Hände oder Finger aufgelegt werden.

Poltergeist: Angenommene menschenähnliche Geister, Seelen von Verstorbenen, die seltsame Geräusche und Phänomene erzeugen, Spuk verursachen. Sie kommen in der Regel im Zusammenhang mit medial veranlagten Personen vor (personengebundener Spuk).

Präkognition: Ahnung oder Wissen um zukünftige Ereignisse, die in der gegenwärtigen Situation weder erwartet noch aus ihr erschlossen werden können: Hellsehen in die Zukunft.

PSI: Vom griechischen Buchstaben *Psi* abgeleitet; Psyche = Seele; Bezeichnung für alle paranormalen Phänomene.

Psychische Automatismen: Wir unterscheiden motorische und sensorische Automatismen. Automatismen setzen Gedanken und Unterbewußtes frei. Die bekannten spiritistischen Praktiken (z. B. Gläser- und Tischrücken) sind als psychomotorische Automatismen zu erklären.

Psychokinese: Der psychische Einfluß eines Menschen soll Veränderungen in der physikalischen Welt hervorrufen können (z. B. Gegenstände sollen verbogen werden können).

Radiästhesie: Theorie und Praxis des Pendelns und Rutengehens; wörtlich „Strahlenfühligkeit", soll durch Zusammenwirken von physikalischen Reizen und ASW entstehen.

Reinkarnation: Von *reincarnare* = „wiedereinkörpern". Vorstellung der Seelenwanderung, Wiedergeburt. Ursprung im Fernen Osten.

Schamanismus: Aus religiösen und magischen Gedanken gebildeter Glaube daran, daß ein Schamane („Priester, Medizinmann, Zauberer") durch Ekstase und in Trance entweder eine Reise zu den Geistern ins Jenseits macht oder direkt von ihnen besessen wird. Der Schamane handelt dabei zum Wohl der Gemeinschaft oder von einzelnen Menschen.

Schreibzwang/Stimmenhören: Nicht seltene Steigerung der „spiritistischen Karriere". Unbekannte Mächte, so vom Spiritisten erfahren, melden sich und zwingen, Botschaften entgegenzunehmen. Damit ist häufig das Phänomen des Stimmenhörens verbunden. Dies sind bereits deutliche Ich-Störungen, die eine Persönlichkeitsspaltung zur Folge haben.

Séance: Spiritistische Sitzung, in der durch Medien angeblich Kontakt mit Verstorbenen hergestellt wird.

Spiritismus: Lehre, nach der Geister Verstorbener mit Lebenden in Verbindung treten können (z. B. durch Gläserrücken).

Spiritualismus: Wird heute häufig mit Spiritismus verwechselt. Spiritualismus ist die Art und Weise, wie der Mensch seinen Glauben erdet bzw. in seinem Glauben geerdet ist.

Spuk: Volkstümlich für ortsgebundene, spontane, sich wiederholende Psychokinetische Erscheinungen (Klopfen, Erscheinen von „Geistern"). Phänomene unbekannter Herkunft wie Geistererscheinungen, Klopf- und Poltergeister, Geräusche, Bewegung von Gegenständen. Man unterscheidet orts- und personengebundenen Spuk. Verdrängte Aggressionen und Spannungen können sich spukhaft entladen. Es ist eine unbewußte mediale Kraft, häufig bei Jugendlichen.

Suggestion: (ital.) „eingeben, anraten"; die Beeinflussung von Menschen in Hinsicht auf ihre Denk-, Gefühls- und Willensabläufe. Es gibt Fremdsuggestion, Selbst- oder Autosuggestion. Seit etwa 1890 spricht man auch von Suggestion, wenn man den Einfluß meint, der in der Hypnose möglich ist.

Tarot: Kartenspiel mit 78 symbolbedruckten Karten. Wird eine Karte gezogen, so geschieht dies angeblich nie zufällig, sondern wird durch psycho-magnetische Kräfte gesteuert. Die Symbole auf den Karten kündigen ein bevorstehendes Ereignis an.

Telekinese: siehe: *Psychokinese*

Telepathie: Übertragen seelischer Vorgänge von einer Psyche auf eine andere ohne Verwendung der bekannten Sinnesorgane; volkstümlich als „Gedankenübertragung" bekannt.

Tier 666: Bezeichnung für Teufel in Anlehnung an das letzte Buch der Bibel (Offenbarung des Johannes, Kap. 13).

Tischrücken: In spiritistischen Zirkeln praktiziertes Verfahren zur Erlangung von „Jenseitsbotschaften". Es kann durch unbewußte Muskelbewegungen der Teilnehmer, aber auch rein psychokinetisch hervorgebracht werden.

Trance: (von lat. *transitus* = „das Hinübergehen"). Zustand, bei dem die Herrschaft des Willens über den Körper aufgehoben ist, z. B. in der Ekstase.

Voodoo: Volksglaube mit afrikanischer Herkunft, vermischt mit christlichem Gedankengut. In den Ritualen des Voodookults, der den Dämonenglauben und die Sexualmagie stark betont, wird um Schutz gegen Angriffe von bösen Geistern gebeten oder über ein *vodun* (= Fetisch) Angriffe auf ungeliebte Personen verübt.

Wünschelrute: Gegabelter Zweig oder Metallschlinge, die in den

Händen sensitiver, strahlenfühliger Personen (Rutengänger) über Wasser- und Erzadern und anderen Reizzonen ausschlägt.

Xenoglossie: (griech.: „Reden mit fremder Zunge"). Das Sprechen, aber auch Verstehen, Lesen, Schreiben in einer fremden Sprache, die man vorher nicht gelernt hat.

Zauberei: 1. Ausführungen magischer Handlungen zum Erreichen eines bestimmten Zweckes (mit entsprechenden Geräten, Sprüchen und Methoden).
2. „Unterhaltungstäuschung", „Zauberkunst" mit unterhaltsamem Charakter, z. B. durch Fingerfertigkeit, mit speziellen Apparaturen und Gerätschaften.

Literaturverzeichnis

E. Bauer / Walter von Lucadou, PSI – was verbirgt sich dahinter? Herder, Freiburg 1984

A. Bergsma, De fantasiee op hol. Psychologie, Mai 1995

Liane von Billerbeck / Frank Nordhausen, Satanskinder: Der Mordfall Sandro B. Berlin, Ch. Links, 1994

Werner Bonin, Lexikon der Parapsychologie. Scherz Verlag, München 1984

Hans Gasper/Joachim Müller/ Friederike Valentin, Lexikon der Sekten, Sondergruppen und Weltanschauungen. Herder, Freiburg/B. 5 1997

Gisela Graichen, Die neuen Hexen. Hoffmann und Campe, Hamburg, erw. Neuaufl. 1990

Werner Gross, Sucht ohne Drogen. Fischer Taschenbuch, Frankfurt/M. 1990

Helmut Hark, Religiöse Neurosen. Kreuz Verlag, Stuttgart 1988

Werner Helsper, Okkultismus. Die neue Jugendreligion? Leske und Budrich, Opladen 1992

Michaela Huber, Multiple Persönlichkeiten. Fischer, Frankfurt/M. 1995

Wolfgang Hund, Okkultismus. Materialien zur kritischen Auseinandersetzung. Verlag an der Ruhr, Mülheim a. d. Ruhr 1996

Massimo Introvigne / Eckhard Türk, Satanismus: Zwischen Sensation und Wirklichkeit. Herder, Freiburg 1995

Rainer Kakuska, Esoterik: von Abrakadabra bis Zombie. Psychologie heute Taschenbuch, Beltz, Weinheim/Basel 1991

Elizabeth F. Loftus, Falsche Erinnerungen. In: Spektrum der Wissenschaft, Januar 1998

Walter von Lucadou / Manfred Poser, Geister sind auch nur Menschen: Ein Ratgeber, Herder, Freiburg 1997

Horst E. Miers, Lexikon des Geheimwissens. Goldmann Verlag, München 1986

Wolfram Mirbach, Universelles Leben. Die einzig wahren Christen? Herder, Freiburg 1996

Johannes Mischo, Okkultismus bei Jugendlichen. Matthias-Grünewald-Verlag, Mainz 1991

Ulrich Niemann, Leid – Schicksal und die Frage nach Gut und Böse. Hrsg. v. d. Kath. Ärztearbeit Deutschlands. Knoth, Melle 1996

Richard Ofshe / Ethan Watters [1], Die mißbrauchte Erinnerung. dtv, München 1994

Richard Ofshe / Ethan Watters [2], Das Böse ist immer und überall. In: Psychologie heute, 10/1996

Ulrich Rausch / Eckhard Türk, Geister-Glaube: Arbeitshilfe zu Fragen des Okkultismus. Patmos, Düsseldorf 1991

Hans-Jürgen Ruppert, Okkultismus, Geisterwelt oder neuer Weltgeist? R. Brockhaus/Edition Coprint, Wuppertal 1990

Hans-Jürgen Ruppert, Satanismus. Zwischen Religion und Kriminalität. Materialdienst/ Evangelische Zentralstelle für Weltanschauungsfragen, Texte Nr. 140. Berlin 1998

Reinhold Ruthe, Medien, Magier, Mächte. Brendow, Moers 1988

Ute Manan Schiran, Menschenfrauen fliegen wieder. Knaur, München 1988

Roman Schweidlenka, in: Materialdienst/Evangelische Zentralstelle für Weltanschauungsfragen 7/95

Werner Thiede, in: Materialdienst/Evangelische Zentralstelle für Weltansschauungsfragen 4/95

Michael D. Yapko, Suggestion of Abuse – True and False Memories of Childhood Sexual Trauma. Simon & Schuster, New York 1994

Weitere Informationen und Hilfe

Deutschland

1. Bei allen evangelischen Landeskirchen und katholischen Bistümern gibt es einen Sekten- und Weltanschauungsbeauftragten, der über die jeweilige Vermittlung zu erfragen ist. Außerdem bei:
– Evangelische Zentralstelle für Weltanschauungsfragen (EZW),
Auguststr. 80
10117 Berlin
Tel.: 0 30/2 83 95-2 11
Fax: 0 30/2 83 95-2 12

– Katholische Sozialethische Arbeitsstelle e. V. (KSA)
Ostenallee 80
59071 Hamm
Tel.: 0 23 81/98 02 00
Fax: 0 23 81/98 02 099

2. Die „AGPF – Aktion für geistige und psychische Freiheit e. V." ist die Arbeitsgemeinschaft der Betroffenen-Initiativen (Dachverband). Sie gibt Auskunft über Kontakte zu den verschiedenen Initiativen sowie zu Verbandsfragen und zu juristischen Fragen.
Anschrift:
AGPF, Ingo Heinemann
Grabenstr. 1
53579 Erpel
Tel.: 0 26 44/98 01 30
Fax: 0 26 44/98 01 31

3. Information und Beratung gibt das „Sekten-Info Essen e. V." (religiös und weltanschaulich neutral). Sie erhalten von dieser Stelle auch Auskunft über eine Beratung in der Nähe Ihres Wohnortes bzw. über weitere spezielle Hilfsmöglichkeiten.
Anschrift:
Sekten-Info Essen e. V.
Rottstr. 24
45127 Essen
Tel.: 02 01/23 46 46/8
Fax: 02 01/20 76 17

4. Beratung und Hilfe für Menschen mit „außergewöhnlichen Erfahrungen" gibt es beim Institut für Grenzgebiete der Psychologie und Psychohygiene e. V. in Kooperation mit der Ambulanz des Psychologischen Instituts der Universität Freiburg.
Wilhelmstr. 3A
79098 Freiburg i. Br.
Tel.: 07 61/2 07 21 52
Fax: 07 61/2 07 21 99

5. Arbeitsgemeinschaft Kinder- und Jugendschutz (AJS) Landesstelle NRW
Herr Jürgen Hilse
Poststr. 15 – 23
50676 Köln
Tel.: 02 21/92 13 92-15
Fax: 02 21/92 13 92-20

Österreich

GSK – Gesellschaft gegen
Sekten und Kultgefahren
Gesamtösterreichische
Elterninitiative
Obere Augartenstr. 26/28
A-1020 Wien
Tel.: 00 43/1/3 32 75 37
Fax: 00 43/1/3 32 35 13

Schweiz

SADK
Schweizerische Arbeits-
gemeinschaft
gegen Destruktive Kulte
Postfach 90
CH-3186 Didingen
Telefon u. Fax
00 41/7 13 71 11 12

Infosekta
Postfach
CH-8054 Zürich
Tel.: 00 41/1/4 54 80 80
Fax: 00 41/1/4 54 80 82

Europäische Kontaktstelle:

F.E.C.R.I.S.
Fédération Européenne des
Centres de Recherche et d'Infor-
mation sur le Sectarisme (Zu-
sammenschluß von Initiativen
auf europäischer Ebene)
10 Rue de Père Julien Dhuit
F-75020 Paris
Tel.: 00 33/1/43 97 96 08
Fax: 00 33/1/47 97 01 73